U0881027

阅读成就思想……

Read to Achieve

销售绩效与薪酬奖励体系设计全书

[美] 马克·多诺罗（Mark Donnolo）◎ 著
王尔笙 ◎ 译

WHAT YOUR CEO NEEDS TO KNOW ABOUT SALES COMPENSATION

Connecting the Corner Office to the Front Line

中国人民大学出版社
· 北京 ·

图书在版编目（CIP）数据

销售绩效与薪酬奖励体系设计全书 /（美）马克·多诺罗（Mark Donnolo）著；王尔笙译. -- 北京：中国人民大学出版社，2018.8

书名原文：WHAT YOUR CEO NEEDS TO KNOW ABOUT SALES COMPENSATION：Connecting the Corner Office to the Front Line

ISBN 978-7-300-25985-7

Ⅰ. ①销… Ⅱ. ①马… ②王… Ⅲ. ①企业管理—销售管理 Ⅳ. ① F274

中国版本图书馆 CIP 数据核字（2018）第 156746 号

销售绩效与薪酬奖励体系设计全书

【美】马克·多诺罗（Mark Donnolo） 著

王尔笙 译

Xiaoshou Jixiao yu Xinchou Jiangli Tixi Sheji Quanshu

出版发行	中国人民大学出版社		
社　　址	北京中关村大街 31 号	**邮政编码**	100080
电　　话	010-62511242（总编室）		010-62511770（质管部）
	010-82501766（邮购部）		010-62514148（门市部）
	010-62515195（发行公司）		010-62515275（盗版举报）
网　　址	http://www.crup.com.cn		
	http://www.ttrnet.com（人大教研网）		
经　　销	新华书店		
印　　刷	天津中印联印务有限公司		
规　　格	170mm×230mm　16 开本	**版　次**	2018 年 8 月第 1 版
印　　张	15　插页 1	**印　次**	2018 年 8 月第 1 次印刷
字　　数	165 000	**定　价**	65.00 元

前　言

办公室的灯光在周一早上七点亮起。那些喜欢赶早的公司高管们已经坐在办公室里了，随后员工们鱼贯而入。CEO、销售副总裁、首席营销官和人力资源副总裁正在啜饮第一杯咖啡，他们都是睡眼惺忪的样子，显然还没有从周日晚上的电话会议中清醒过来。办公室开始变得嘈杂。随着上班时间的临近，电话铃声也逐渐密集起来。而城外的制造部门在几个小时前便已经开始生产了。

好一幅按部就班、忙忙碌碌的场景，但如果没有接下来的销售环节，一切都会陷入停顿。几乎每份损益表的开头部分都是有关“销售”的内容。没有了销售，资金就会枯竭，股票无法交易，灯光不再亮起，人来人往的办公室也将归于沉寂。

一个有着坚忍不拔精神的团队是销售系统的根基。他们是普通人眼中的空中飞人，穿梭在各大公司的走廊里，给尚在培育期的客户打着长途电话，在客户接待区徘徊并等待时机开启一次涉及客户需要的关键谈话，当然通常的结果是将自己名牌鞋的鞋底磨穿。有人做过调查，每年他们从潜在客户那里遭到的拒绝与最终获得的机会相比平均高出八到十倍。然而，他们仍在坚持，多半是凭着生生不息的乐观主义，为的是签下一单新生意，或者续签合同，或者完成一次附加销售。他们中的大多数人都受到三件事的驱使，即个人的成就感、得到认可及从对于他们个人和所在公司都是举足轻重的大生意中获得的销售报酬（包括佣金和奖金）。

在销售团队内部，销售薪酬方案是最重要的绩效驱动力之一，同时也是一家公司所要承担的一笔大开销，每年动辄几千万甚至上亿美元的金额。这是一条狭长但至关重要的纽带，每时每刻把公司的发展与拼搏在一线的销售团队成员联系在一起。较之任何其他因素，该方案更多表现为指导和激励销售团队的行动，它胜过领导层的指示、销售策略、销售管理和销售培训。如果说在客户办公室和高管办公室之间存在什么硬联结的话，非销售薪酬方案莫属。

但如果这一方案传达的信息不明确或者不受欢迎，那么销售代表会更多地从自身经济利益的角度解读它。作为一家企业的领导，你可能会发现，尽管公司制定了相关奖励政策，支付给销售人员的薪酬也很丰厚，但结果往往不尽如人意。

虽然薪酬方案的影响可能很直接，但它是艺术与科学完美融合的产物，也是各公司内部一个长期存在的冲突点。公司内部每个人对销售薪酬都有自己比较专业的看法，然而几乎没有人能够在实现公司目标的最佳绩效推动方案上达成一致。销售代表、运营人员、人力资源专员和财务人员常常会在以下问题上产生争执：

- 这一方案能够反映出我们的业务目标吗？
- 我们公司拿顶薪的销售代表在绩效上也是最佳的吗？
- 实施这一方案的代价是不是太高了？

- 我们能更好地激励我们的团队去追求销售策略吗?
- 我们如何弘扬以绩效为导向的销售文化?
- 我们可以让这一方案变得易于理解吗?
- 我们可以让这一方案变得易于掌控吗?
- 销售定额是在惩罚我们的最佳绩效者吗?
- 我们怎样才能制定出充分反映市场销售潜力的定额?

一旦存在上述争执，下达的销售薪酬方案通常是各方妥协的结果，并最终会导致公司绩效的低下。作为旁观者，公司高管自然只关心下一个季度或者本年度剩余时间的经营情况，从而错失利用销售薪酬工具推动业绩增长的良机。

《销售绩效与薪酬奖励体系设计全书》旨在提供合乎逻辑的领导方法、工具和模式，并在分享名企资深销售高管传奇故事的同时，助力各公司应对当下所面临的最大挑战。

在剖析这些挑战之前，我们把收入路线图作为一个重要的基点，分析与其相关的重大问题。通常情况下，销售团队会从佣金入手，试图预判其在多大程度上能改变支出情况：或者节省资金，或者从不同的方向来推动销售行为。但我们认为从佣金入手是完全错误的，而是希望从下面若干关键问题的提出开始：

- 我们在与谁做生意?
- 从战略的视角，什么是我们最需要完成的?
- 我们的销售角色支持我们的目标吗?
- 销售薪酬如何与销售策略和销售过程保持一致?

我们所探讨的一切都将以上述关键问题为基础，来分享一些公司及其高管如何充分利用销售薪酬方案的真实案例。

我们最近正在与一家大型保险公司的 CEO 谈一个合作项目。他非常清楚销售薪酬方案与公司业绩增长之间的联系。他说，无论在市场上推出什么举措都应该符合总体目标。在市场层面做一锤子买卖会损害整个团队。销售团队所做的每件事情的每个细节都要与公司的目标保持一致。从高级管理层到区域管理层再到销售团队，绩效薪酬方案都是存在连续性的。

CEO 关心的是销售管理和销售团队的控制性，以及对业务至关重要的考核手段。他从战略角度审视销售薪酬方案，并了解它是如何通过增加股东价值影响他的目标的。他通过挑战所在团队的理念以及提出尖锐的问题等方式介入薪酬设计过程。他的问题已经不仅仅局限于“该方案对我们的影响会小于去年吗”，而是围绕其与公司战略的一致性、对关键客户群的影响、对战略产品的重视，以及为公司构建吸引并保留销售精英的能力等方面寻找答案。

你知道应该请你的团队回答的关键问题都有哪些吗？在过去的 25 年里，我们同很多财富 1000 强的企业有过合作，我们始终可以在以下几个方面看到企业所面临的挑战。有鉴于此，我们将在本书中紧紧围绕这些高难度挑战设计章节并展开论述：

1. 如何借助薪酬方案推动销售策略；
2. 如何激励正确的销售角色；
3. 如何区别对待最佳绩效者；
4. 绩效考核手段与业务方向如何保持一致；
5. 如何制定战略客户的奖励措施；
6. 如何设定合理且有利的销售配额；
7. 如何激励销售管理层；
8. 如何沟通和实施销售薪酬方案；

9. 如何让高管层以适当方式介入。

在本书中，我们将从领导层的视角探讨这些挑战。除了我们的研究成果，我们还把高绩效销售团队中高管们的思想和故事加进来，以展示他们在过去这些年里所经历的销售薪酬挑战以及他们的经验教训。

本书最后一章将为你提供一个机会：基于前面章节已经讨论过的挑战，为你的销售团队的薪酬方案逐一分级，并将你的等级与其他销售团队的等级对比以检讨有无改进的地方。当你为未来设计薪酬方案时，认真思考高管办公室与一线销售团队之间的联系，并找到你的团队扩大这一销售薪酬方案强大影响力的方法。

目 录

第 1 章

你的收入路线图

用销售薪酬方案推动销售策略

在一个寒风刺骨的早晨，我坐在加州首府萨克拉门托市的塑料长条座椅上，小心翼翼地打量着我今天的工作环境——一辆半挂大卡车。因为天气寒冷，车窗上结着一层厚重的雾气，汽车引擎正在怠速运转，整个车身处在微微的颤动中。我的“导游”克利夫是一家大型啤酒厂的司机兼销售代表。克利夫爬进驾驶室，挪到司机的座位上。我们驾车驶离了这家经销商的仓库，这次历时10小时拜访便利店、超市、酒吧和餐馆的工作由此开始。

克利夫在途中向我介绍他推销啤酒的方法。他在这家公司已经工作了好多年，而且做得很成功，但他的角色也在发生改变：“两年前，我尽量将成箱成箱的啤酒卖给店主，现在我却设法让他们订购的啤酒尽快卖出去。我核对标签，检查冷柜，争取让我们的啤酒摆放在最佳位置。”除了继续担任司机兼销售代表之外，克利夫还要做一些市场营销人员的工作，因为不久前公司已经改变了他的工作目标。

我们先来到一个老旧的城市社区，把车停在一家便利店门前的停车场里。克利夫从车里拖出来一辆手推车。我跟着他来到商店的后面，走进一座大冷库里，里面码放着成箱的淡啤酒、普通啤酒和355毫升、470毫升以及1100毫升装的高档啤酒。克利夫认真检查啤酒垛，拉出过期的啤酒箱并装上卡车。他接下来把新鲜的啤酒从卡车上卸下来再送到冷库里。他一边干活一边和店主交流，记录下畅销和滞销的品种。最后一项工作是仔细整理设在便利店前门的展示冷柜，把前排罐装和瓶装啤酒摆放整齐，并确认本周特价品的包装和标签是否正确。

克利夫供职的啤酒厂最近改变了销售策略。原先是卖出的啤酒越多越好，出货频率越高越好，覆盖的零售商和餐馆也是越多越好。克利夫和其他司机兼销售代表是按件取酬，送到冷库的啤酒越多，收入越高，同时负责周转冷库库存并将过期啤酒拉回。

后来，啤酒厂认识到把大量瓶装和罐装啤酒一股脑地堆满零售商的仓库并不意味着能把更多的啤酒卖给消费者。近年来，随着啤酒销售竞争加剧，加大冷库库存的方式逐渐让位于更加有效的市场营销方式。从战略高度讲，啤酒厂最看重的是把啤酒卖给终端消费者，并认识到啤酒消费人群主要受电视、电台和社交媒体广告的影响；同时这家公司发现，在销售点打广告也是一个有效的推广手段。

多年来，该公司不仅错过了调动司机兼销售代表积极性的机会，将产品送到仓库即算完成交易的销售方式反而刺激着他们与正确目标背道而驰。最后，公司才认识到通过植入式广告、标牌、店内陈列以及与竞争对手打价格战才能真正推动啤酒的销售。但问题是，如何将此类宣传攻势转化为销售团队的动力呢？这种策略又该如何转变成对司机兼销售代表有效的奖励措施呢？为了寻找答案，我换了一身笔挺的制服，衬衣左口袋上方整齐地绣着我的名字，跟随克利夫来到一家便利店的冷库内。

我们将与这家啤酒公司合作，研究如何通过最终控制消费者偏好的绩效指标来激励销售团队。该公司将纯粹追求销量的销售薪酬激励政策转变为与推动啤酒消费的指标和活动联系起来。公司设计出了专注于推销的绩效考核手段，如确定货架展面数量、将产品摆放在冷库大门处、零售商店内引导标识布局、大型电子显示屏的坐落地点以及价格战等。如果竞争对手的啤酒使用1000毫升酒瓶，那么该公司的相同瓶装啤酒的摆放位置要靠近它们，而且放在货架展示的数量最好更多一些。

通过了解影响啤酒购买的因素并将其与对司机兼销售代表极为重要的因素联系起来，该公司便可以改变销售代表的行为并推动他们卖出更多的啤酒。眼下克利夫一边和店主落实对方希望接收多少箱啤酒，一边聊着昨天的棒球比赛，还会问及啤酒的销售情况并了解店主对改善某些类别产品市场营销状况的想法。克利夫与店主探讨了啤酒和广告牌的布置情况后，又了解了如此布置对销量提升所起的作用的统计数据。店主听得很认真，因为克利夫的建议与其利益息息相关。

由于针对克利夫的薪酬方案发生变化，所以他与客户交流的内容也发生了改变，从而也带来了销售结果的改善。在这个特定的市场上，零售商曾一直对高档啤酒的销售不太满意，但随着克利夫调整了市场营销策略，在过去的两年间，店主发现这部分啤酒的销量有了显著提高。

在将这种新销售策略应用到一线销售团队的过程中，啤酒厂和克利夫获得了一个非常重要的经验。在改善企业经营效果的过程中，客户也获得了一个非常重要的经验，这样双方都看到了结果的重大改善，即如果将销售薪酬方案能与销售策略完美结合，其所迸发的力量彰显无遗。

与销售策略保持一致

在衡量销售薪酬方案时，我们公司的首要任务是要先了解销售策略。我们提出这样的问题："业务的优先顺序怎样才能体现在销售薪酬方案上呢？"

颇为讽刺的是，销售薪酬方案虽然是一项战术层面的激励计划，但在实际运用中，销售效果往往会涉及更高层面的不协调问题。举个例子，克利夫最早的销售薪酬方案是基于完成的净销售量设计的，这一销售活动与公司有针对性地部署产品和在帮助零售商拓展业务中扮演顾问角色的战略并不相符。类似这样的交易型薪酬方案最终将导致公司实现目标的能力遭到破坏。销售高管们必须有能力把与销售薪酬有关的问题与那些作为更大战略挑战指标的问题区分开来。他们必须清楚什么时候会遭遇一个需要修复的销售过程问题。

迈克·凯利（Mike Kelly）是气象频道公司（The Weather Channel Companies）的前 CEO 和总裁。他最早是从《财富》（*Fortune*）杂志开启自己的职业生涯的。他当时直接与公司客户打交道，有时谈话对象就是某家公司的 CEO，对方对商业杂志是有个人喜好的——或许它是《财富》，也有可能是《福布斯》（*Forbes*）或《商业周刊》（*Business Week*）。由于这位决策者在团队中身居高位，所以了解这个团队的企业战略就非常重要。当凯利接手一家新杂志《娱乐周刊》（*Entertainment Weekly*）的销售团队时，还记着那位客户的个人喜好。

传统上讲，一家杂志需要研究目标公司并努力向客户和机构证明，它们的受众是符合对方要求的，与之相左的思路是尝试将顾客和某一主题的广告客户联系起来。但凯利采取了一种将广告客户与娱乐市场营销联系起来的定制咨询方法。“令人遗憾的是，”凯利解释道，“我们定制得有些过头了，导致我们的杂志在经营上步履维艰。”

《娱乐周刊》原本计划在两年后实现盈利，但到第五个年头时，公司依然亏损，凯利感受到的压力也越来越大。“我们公司的发展是有目共睹的。我们的发行量增长很大，我们收入的增长也很巨大，每个人的心里都在想，‘好吧，我们早晚会盈利的。’”

凯利报名参加了哥伦比亚大学开办的一个高管培训班，在那里他结识了拉里・塞尔登（Larry Selden）教授。塞尔登教授提到了一个名为“客户细分”（customer segmentation）的概念。他告诉班上的学生，顶尖的公司不仅了解它们的客户是谁，还清楚它们的客户需要什么。它们并不过分看重希望卖给对方什么，而是根据其需求将客户分组。通过将客户细分，凯利便能了解每位客户和每个客户群的利润率。接下来，他可以将自己的资源与那些能够带来巨大收益的客户群匹配起来。

“这种做法对我来说是革命性的，”凯利说，“没有人——当然是说整个杂志圈没有人会想到这种做法。所有的收入都是良性收入。而且我们通常认为我们最大的客户，也就是我们业务量最大的客户，才是最能带来利润的客户。”

于是凯利带着客户细分的理念回到了《娱乐周刊》，接着他的团队分析了所有广告客户以及客户群的利润率。他们断定有线电视广告会大爆发。广电网络不会让有线电视频道在电视上打广告，因为它们认为后者会分流它们的观众。因此，有线电视只能购买平面广告，这也是它们可以利用的最大、最广泛的宣传媒介了。《娱乐周刊》已经有了少量有线电视频道广告客户，但并未引起足够重视。凯利和他的团队过去都把关注点放在了其他人也会关注的领域——汽车公司以及健康与美容公司。这些公司都是极具吸引力的大广告客户，但它们对价格也非常敏感。不过凯利意识到，有线电视广告客户实际上是给《娱乐周刊》带来丰厚利润的客户，因为它们付全款。这是因为它们属于时间敏感型客户，由于一部戏会在提前计划好的某晚播出，所以它们的广告必须出现在某一期或几期的杂志上，此类影响因素迫使它们支付额外的费用。

凯利完全改变了他的销售团队对客户的认识，谁是带来最大利润的客户，以及公司如何追逐自己的客户。他重新调整了销售队伍，将更多的销售力量和销售奖励措施投放到利润最大并有强大增长潜力的类别上，而将较少的资源投入到没有潜在效益的客户群。凯利说：

> 我们原以为当年还会继续亏损，但我们盈利了。而且在接下来的五年里，我们的复合年均增长率（Compound Annual Growth Rate，CAGR）达到了 30%。
>
> 我知道销售人员还是那些人。但经济学原理告诉我们，如果你把这些理论应用到销售人员身上，包括奖励方案，你便能加快行动步伐。我在以往已经将这种手段使用得非常娴熟。我们真正试图揭示的是客户是谁，以及对于那位客户而言，我们的价值定位是什么。接下来我们细分那些客户，这样我们便能梳理出谁是我们的摇钱树以及谁不会带来收益。我们根据上述分析来分配我们的资源。
>
> 如果你的薪酬方案无法与销售策略和你希望锁定的客户群相匹配，那么迎接你的可能是完全相反的结果。让一个团队或者说任何团队改变其思路是极为艰难的，而且在大多数公司里，销售人员都是以产品或平台为导向的，他们要把产品卖到任何可以卖到的地方。当一家公司变成客户导向型的公司时，转眼之间，它已经开始按照客户的需要确定自己的产品组合。

销售薪酬方案可以支持客户导向，或者与这个导向背道而驰，或者引发混乱。在凯利的案例中，销售策略的优先顺序充分反映在销售薪酬方案上面，而后者又推动了其所希望的行为出现。

收入路线图的四个层面：联结你的销售策略和薪酬方案

在思考销售策略和销售薪酬时，关键是搭建起一个框架。全球知名的劳动力解决方案提供商万宝盛华集团北美公司（ManpowerGroup North America）人力资源和销售薪酬总监道格·霍兰（Doug Holland）曾说过：

> 薪酬方案好比火车的最后一节守车而不是火车头。薪酬绝不应该驱动销售策略，而是策略驱动薪酬。对这一核心点稍微有些迷失方向都是不可思议的事情，尤其是在非常时期。薪酬出现问题通常预示着背后隐藏着更大的问题，而且这也是我们有机会近距离观察到的最简单、最具体的事情。我们所面临的挑战是：我们设置的岗位恰当吗？我们挑选的人适合吗？这些都是很难回答的问题，但却经常成为销售薪酬方案设计的绊脚石。

过去的几十年，我们与数百家高绩效销售团队有过合作，由此研发出了收入路线图（the Revenue Roadmap）。为了帮助销售团队获得更大利润，收入路线图标示了你应具备的四大层级能力和 16 项必须与之相匹配的要素（如图 1–1 所示）。下面，我们将对每个能力层级展开详细的讨论。

洞察力

洞察力是收入路线图的第一层级，指向团队通报客户、市场、竞争对手以及作为结果的市场途径的能力。洞察力属于最高层次的能力，包含了对客户诉求、宏观市场环境、竞争对手行为和绩效情况以及自身业务绩效情况有全面的理解。这种理解将推动做出下一层级的具体决策，即销售策略的具体决策。

首先，倾听客户的声音是关键的出发点。销售团队领导必须清楚客户的需求和期待以及他们自己相对于那些期待的绩效。这种洞察力让销售团队领导看到差距并确定如何改善价值定位、销售覆盖以及销售过程。

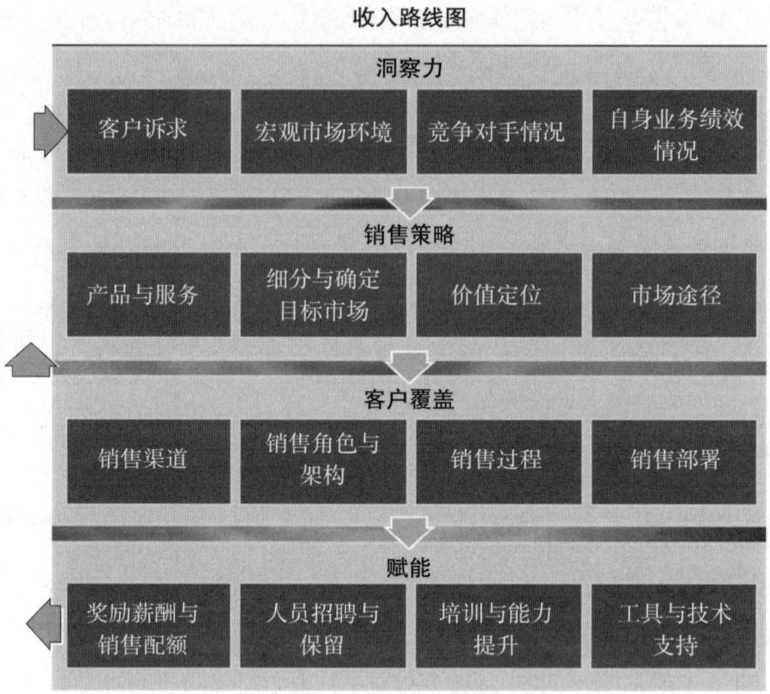

图 1-1 收入路线图

销售团队领导还需要考虑在宏观市场环境中，尤其是当该环境与他们的行业相关时，会发生什么事情。长期来看，经济环境中的某些变化可以推动销售决策的制定以及他们如何根据市场走势制定与现行策略完全不同的方案。

其次，有必要从业务增长与财务的视角了解竞争对手的表现。销售团队领导还必须清楚他们的竞争对手提供给市场的内容以及竞争对手是如何定位自己的产品和服务的。

最后，销售团队领导应当研究本公司的历史与预期收入以及盈利表现。此类评估应该考虑到业绩增长是因原有客户加大产品的使用量或因购买附加产品带来的，还是增加了新客户带来的。通过了解业务绩效，他们可以看到自己的传统强项和弱项，而且他们可以相应地调整其销售策略。

销售策略

处在第二个层级的能力是销售策略，即能明确制订销售团队实现目标的行动计划的能力。销售策略将有助于提升客户对产品和服务的关注度、加强销售人员对特定市场的专注度（也就是细分和确定目标市场）、改善公司的价值定位以及更好地开拓由此产生的市场途径。

首先对于销售策略而言，关键在于确定本企业所提供的核心的、具有战略性的产品和服务。在很多公司中，这些内容都是基于特定客户群的需求发展起来的。然而，产品和服务经常表现为内部驱动，所以它们有可能与客户的需求不匹配，这就要求在提供内容或价值定位上做出重大改变。

销售团队确定借助细分和目标市场把客户和潜在客户组织起来并按照优先顺序做出安排的方式。最为有效的细分和目标市场需要考虑客户所在行业、销售潜力、利润率、共同需要以及整体符合销售团队的业务等特征。通过细分和目标市场形成一个销售团队可以执行的方案，这一点很重要。仅在高级层面确定客户群还不足以回答销售代表的“周一早上我该找谁去谈生意”这一疑问。

价值定位不仅仅体现在销售团队和客户沟通的内容上，也明确地体现在该团队对客户的业务和问题的了解程度、该团队可以为客户完成的内容以及该团队与竞争对手如何区分上。最高层级的价值定位通常在公司层面沟通。不过为了提高销售效果，销售团队必须将自己的价值定位转化为可以在客户群层面、客户层面和交易层面开展沟通的销售信息以适应形势和客户需求的不断变化。

最后，在开拓市场途径时，销售主管必须将涉及产品、服务、目标客户群、价值定位和潜在销售资源的决策合并为一个可以被这个销售团队执行的方案。客户覆盖层级将该方案转化为行动。

客户覆盖

客户覆盖是第三层级的能力，它确定团队如何通过它的渠道、员工、过程和资源进入市场。

我们从销售渠道大致可以勾勒出进入市场的总体路径——它们或者是分销商、被推荐的合作伙伴或零售商之类的第三方公司，或者是公司销售团队（可能包括一系列销售岗位）中的一员。在确定销售渠道组合时，销售团队领导需要考虑以下诸多因素，包括他们喜欢的购买方式、渠道合作伙伴如何改善整体产品供应、他们从不同市场中招揽客户的能力，以及利用成本较低的渠道联系特定客户或者开展特定类型销售或服务的财务效率等。

在确定销售角色和构建销售团队架构时，销售团队领导必须考虑他们需要哪些销售岗位及支持体系是什么，以及团队如何围绕那些岗位来构建。销售岗位通常与客户群保持一致，而且可以覆盖从全球客户管理到现场销售再到内部销售等各种岗位。销售架构的设计可以围绕关键客户组（如电信行业组或大客户组）进行。它还可以按照特定地理位置、功能角色或者某种组合确定下来。

销售渠道和销售角色是可以与客户合作过程整合在一起的。事实上，最佳客户覆盖模式是由客户购买过程与反映客户最乐于接受的销售过程和销售角色共同构建而成的。销售过程展示的是销售团队识别潜在客户、获得商机、制定解决方案、控制谈判节奏、达成交易以及为客户交付产品和提供实时服务的通行做法。虽然在某个销售团队内部，销售过程可能是千差万别的，但重要的是应把最佳或首选销售过程明确界定为销售团队管理和优化绩效的基本点。

通过地理位置、客户群或其他形式的客户匹配进行的销售部署，可以反映市场状况和每个销售角色所需要的销售资源状态。它通常受到维护老客户或拓展新客户的能力（可利用的销售时间和工作负荷）、销售角色和客户匹配以及诸如地理和旅行方式等因素的综合影响。

赋能

赋能处在收入路线图的最底层，它支持其上游层级——洞察力、销售策略和客户覆盖所涵盖的所有要素。赋能层除了将销售人员与销售策略匹配起来的奖励薪酬及销售配额等要素之外，还包括：人员的招聘与保留，在确保目前人员数量的前提下设计团队长期吸引和留住人才的方案；培训与能力提升，即在销售团队内部挑选那些有成长空间的人员予以培养，提升其相关能力；销售团队通过提供相关工具与技术支持，以增强获得洞察力和围绕销售策略、客户覆盖及赋能实施团队决策的效果。

爱玛客公司（ARAMARK）是全球首屈一指的食品服务、设施管理和工装供应商。杰夫•康纳（Jeff Connor）作为首席发展官，参与了公司的销售薪酬设计过程。他说：

> 人们经常把奖励措施与内部一致性混为一谈。实现内部一致性是一项非常繁琐的工作，而把奖励措施作为考核手段则简单得多。在

> 收入路线图中，销售和奖励薪酬位于图表的最下端。根据我的经验，当我们说到销售薪酬时，每个人都希望承担很高的业务目标，以分到更多的奖金，仿佛销售人员是一群掉进钱眼里的人。
>
> 事实上，任何负责销售薪酬设计的人都清楚，销售薪酬不是这样操作的。内部一致性是指获得正确的洞察力并与销售策略保持一致，所以这项工作是首先要做的。而整个薪酬设计过程的最后一件事才是制定奖励方案。可令人困惑的是，针对内部一致性的奖励几乎每时每刻都在发生。究其原因，人们在没有搞清楚所处环境的情况下便直接运用了这个理念。我认为这种内部一致性的理念真的很重要。

收入路线图能够帮助一家公司合理利用自己的优势，并确保每个人尽心竭力地工作。虽然我们将洞察力放在首位，但路线图中所有 16 个要素都是相互关联的，而且决策和行动也是前后连贯的。在考察销售薪酬的时候，路线图会帮助我们了解它在整个框架内的位置——销售策略和客户覆盖的下游。可见上游要素中的问题在销售薪酬方案中反映出来并不奇怪。

销售薪酬与其他要素也是纠缠在一起的。我们举一个文档复印行业的例子。

> 在过去的几年里，整个行业经历了重大技术变革，即从模拟设备（黑白复印机）升级为数字网络设备（连接到 IT 网络的机器）。这种技术上的根本性转变导致该行业的业务模式发生了改变，进而导致销售模式的改变。
>
> 在模拟复印机时代，复印机销售代表乔通常向每家公司的办公室主任推销复印机。这种销售过程是一次完美的交易。在寻找买家的过程中，他要先打通前台接待员这一关才能进入办公区游说。他通常会在一两周内达成交易，多数情况下是把降低硬件价格作为促销手段。他的公司会在合同期内通过销售墨粉之类的耗材和提供服务获得

补偿。

但在数字复印机时代，这套做法行不通了。乔现在需要解释这种复印机如何与客户的IT网络整合在一起。他也用不着和办公室主任谈生意了。现在他面对的是IT经理，甚至是企业的老板。还有一种情况，乔有可能向一个专门成立的团队推销机器，后者会编制一份采购文档影像系统的需求建议书（RFP)。另外，他需要提升自己的价值定位并编写商业论证，解释清楚客户应该在硬件上加大投入的原因以及客户如何看到这笔投资的回报。

这种技术上的根本性转变改变了乔的销售角色，也改变了销售策略，因为采购过程被进一步拉长，再也不会出现一周之内达成交易的情况。这笔交易可能耗费他三个月的时间。交易额可能大很多，但花费的时间也要长很多。所以，销售薪酬方案需要适应新的形势了。

在这种情形下，我们回过头再来看一下收入路线图。向市场提供的产品和服务带动了销售策略的改变。和市场途径一样，价值定位和客户覆盖也要发生改变。销售角色可能也要丰富起来。现在有一位系统工程师在配合乔的工作，因为工程师了解以前并不存在的技术特性。但有了系统工程师还不够。销售团队也必须评估自己目前的销售人才库（包括乔在内），以便确认这些人员是否具备新销售角色所需要的技能，以及他们是否需要接受培训、辅导或被替换掉。

随着销售团队出现上述一系列变化，销售薪酬方案就像一个断路器一样到了启动的临界点。如果这家公司存在薪酬问题——或许人们完不成自己的定额，或许挣钱没有原来那么多或那么快了——这很可能是因为薪酬方案本来是按照另外一种销售模式设计的。

工业时代的奖励方案是一个支持快速销售的快速周期薪酬方案。在工业时代里，由于乔可以在一周之内完成一笔交易，所以他所执行的可能是一个激进的薪酬方案。这种方案以佣金为基础且大量报酬并不确定，容易导致激进的销售行为。但现在乔的客户发生了变化，他要把一套复杂的网络化产品卖给对方，不仅需要整个客户销售团队做出评估，而且完成销售的时间也会延长三到六个月不等。由于他还是执行非常激进的佣金方案，乔的工作节奏是与一周的销售周期相匹配的，但如果销售环境已然发生变化，你猜会发生什么情况？销售过程可能出现问题，而他很有可能丢掉这笔生意。

由于上下游的内在一致性发生改变，各种前后矛盾的情况便成为销售团队着力解决的问题。从科技产业到制造业再到商业服务业，我们看到这种情况在不同的行业一次又一次上演。在业务发生变化的地方，销售也发生了变化，所以销售薪酬方案必须相应地支持这种变化。

设定你的高管层目标

我们最近正在与一家经营规模达数十亿美元的大公司合作，帮助它设计销售薪酬方案。我们的切入点并不是方案本身而是该公司的经营策略。我们与公司 CEO、总裁以及销售部门的所有高管就业务发展的优先顺序问题进行了交流。下面是他们的回答。

- 从现有资源中获得更高的效率：“我们希望在接下来的三年里将销售效率提高一倍。”
- 推进以销售为导向的文化：“我们需要在我们的销售文化中消除自满情绪。”
- 推动销售组合策略中的交叉销售：“我们希望执行以客户需求为导向的、完整的解决方案组合策略。”
- 建立解决方案销售结构：“我们未来的销售团队需要以统一的形象面对客户。”
- 与高价值客户群对接：“我们希望把团队中最好的销售资源与合适的买家实

现深层次对接。”

这些优先顺序为我们提供了更清晰的业务发展方向，我们接下来会令其在客户覆盖和销售薪酬设计上体现出来。

该公司希望建设一个更加强大的销售驱动型文化。它们介绍了这样一种情况：它们公司的销售人员都是云淡风轻地度过12月份，而不是加班加点一直干到12月31日。

该公司有一个多产品组合销售策略，但它的销售人员通常只关注他们知道的或者他们传统上一直负责的产品。不出所料，他们只做薪酬方案要求他们做的事。他们热衷于在销售时以价格取胜，而不能像顾问式销售那样聚焦在产品所提供的价值上，而且他们更关心与价格敏感型的买家做生意，而不是培养自己拥有更高层次的商业头脑。

为了在这些业务优先顺序和薪酬方案之间建立起联系，公司领导层将关注的重点放在薪酬方案的设计上。他们知道他们需要完成什么。然而，一旦他们深度介入薪酬设计工作后，整个团队便开始感觉不舒服，经常发表一些心存疑虑的评论，如“我们真的希望这样做吗？”“我对这种考核手段感觉不爽。”“财务那边不会支持这种本末倒置的做法的。”接下来我们的工作反而好做了，“诸位，这就是你们在业务层面要做的事情啊。我们很难和CEO说我们漏掉了几点关键内容。”没有人愿意看到汇报给CEO的内容与他的业务目标不符。高管层与一线销售团队的联系最终会因此建立起来。现在，业务发展策略获得了销售薪酬方案的全面支持。

在高管们确定与销售薪酬有关的业务优先顺序时，他们首先需要设定他们的高管层目标。这些目标会帮助销售团队明确哪些是优先考虑转化为销售薪酬方案的内容。这些内容将为方案的设计思路和该方案在团队内意欲推动的销售行为提供明确的指导。薪酬方案的成功取决于若干关键问题的解决，而一旦高管层目标设定完毕，它们将有助于寻找令人满意的答案。这些目标还有助于化解销售团队领导深度介入销售薪酬方案设计时遭遇到的阻力。

虽然收入路线图明确了你所有可能的目标，但图 1–2 所展示的维度将帮助你做出正确的战略调整并始终保持在正确的轨道上。

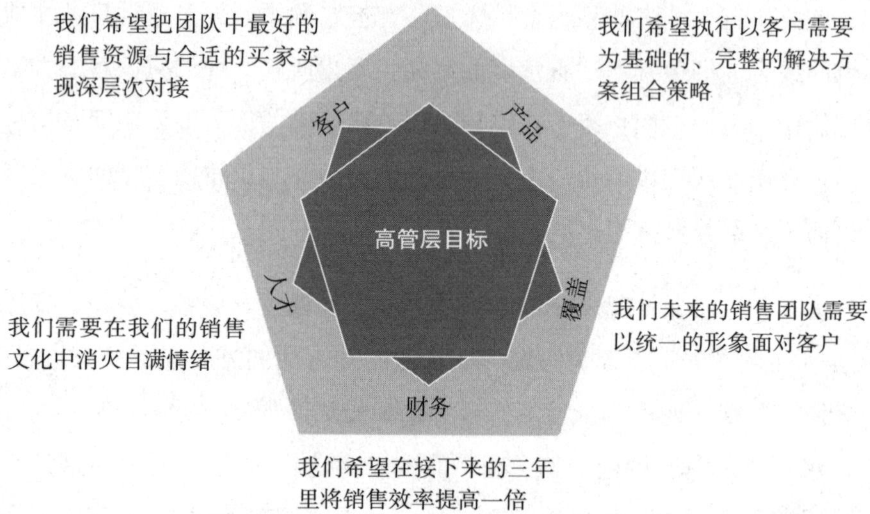

图 1–2　高管层目标

一家公司的战略可以通过五个高管层目标领域描述出来。高管层把这些内容清晰地传达给销售团队是非常重要的。这将有助于对收入路线图的 16 个要素做出全面考察并从一大堆琐碎的事物中梳理出关键点。

大多数销售团队都可以集中精力制定出支持以下这五大领域的维度方案。

1. 客户。客户维度描述了买方类型和客户群的优先顺序，包括与业务最匹配的买方类型是什么？与业务最匹配的公司又是哪一家？

2. 产品。产品维度确认哪一种产品或服务可以得到最大程度的重视，如什么样的产品和服务应该强化？哪一种产品是战略性的？哪一种产品对现金流是至关重要的？交叉销售的优先顺序是什么？
3. 覆盖。覆盖维度清晰表达出让销售资源与每个客户群匹配起来的主要方法，如通往市场的道路是什么？第三方渠道的作用是什么？销售团队看起来像什么？
4. 财务。财务维度规定了财务目标，包括什么样的增长结果对于收入、利润和市场份额是必要的？在团队发展和销售计划方面，投资回报率是如何考核的？
5. 人才。人才维度界定了销售团队需要谁充当实现团队目标的客户覆盖角色，包括什么样的技能可以执行团队策略？什么是人才库？团队需要在哪个方面得到加强？需要到哪里挖掘新人才？

通过审视发展计划的复杂性，你会发现围绕客户、产品、覆盖、财务和人才目标设定优先顺序可以为一系列销售效力方案（包括销售薪酬方案）提供明确的方向。

鲍勃·布伦南（Bob Brennan）是财富1000强信息管理服务类公司铁山公司（Iron Mountain）的前CEO，他就曾带领他的销售团队经历过类似的挑战。“我一直在思考一个问题，‘在什么地方1美元是1美元，以及在什么地方1美元不是1美元？’”布伦南说，“你打算怎么奖励正确的行为？我站在对业务具有战略重要性的角度思考销售薪酬，以及在这种情况下我们怎样才能激励团队成员。”

布伦南针对薪酬设计过程的每个接触点都问了以下三个相同的基本问题：

1. 我们正努力销售的产品如何实现策略匹配呢？
2. 我们的执行力到位吗？
3. 我们怎样才能通过策略上匹配并可执行的设想取得满意的回报呢？

他希望的是，公司最有利可图的业务应与销售人员根据安排所做的业务之间存在明显的内在一致性。他的目标是为奖励设定适当的权重。对于那些与策略相匹配而且执行时会带来最高回报的目标，他愿意提供更多的奖励。

“作为公司的 CEO，我希望了解与我们的优先顺序一致的目标，”他解释道，“如果你从我们的产品组合中选一款价值 1 美元的产品入手，那么其他产品的价值是高于还是低于 1 美元呢？我们如何让涉及财务的关键绩效指标和激励因素与那些价值水平匹配起来呢？”布伦南试图寻找策略匹配上的一致性以及销售团队执行力可以通过销售计划提高的领域。

早在 2002 年，铁山公司便通过与 LiveVault 和 Connected 公司建立伙伴关系介入了云存储业务。该公司通过自己的数据保护销售团队销售 LiveVault，而且为了促成这些业务的启动还向销售团队派发了额外的奖金。现在回想起来，布伦南说：

> 就我们在售的产品（媒体保管库）而言，这种做法是具有破坏性的，因为一种产品是另外一种产品的替代技术。另外，我们正在试图教一位物流销售人员销售一种以软件为基础的解决方案。这也是我们的销售薪酬方案执行良好的原因。

展望未来，铁山公司知道它的出路就在数字存储服务领域。为了取得成功，销售薪酬方案必须推动那些服务的销售，即便公司知道这样做有可能对自身业务产生一定的破坏作用也在所不惜。

还有另外一种推动力，即铁山公司的咨询服务团队在本质上属于一种销售支持机制。随着时间的推移，咨询服务变成了一项正式的业务并建立了自己的销售团队。“都以为咨询服务仅仅是为存储产品销售提供支持的，但该团队却在不经意间壮大起来。”布伦南说。就像很多技术开发团队从软件转向硬件一样，以推动核心产品销售为主旨的服务战略优先顺序已经发生逆转，随之而来的是服务“登堂入室”并拥有了自己的生命力。布伦南指出：“服务获得了生存的土壤，而且与公司战略不存在重大冲突，另外它也有助于记住那些薪酬设计原则。”

在财务目标维度上，布伦南也很关注销售定额的确定过程以及该过程与奖励薪酬的联系。对每位雇员而言，定额要么触及了销售人员的佣金，要么影响到财务部门主管和公司员工的奖金。布伦南说：

> 在讨论目标设定时，领导层有一种非常明显的自我优先意识。我认为，有一些我们可以实施的产品线很具战略意义。目标设定本身代表了我会适度介入但不会深陷其中的一种姿态。在设定薪酬定额和目标时，他们清楚我喜欢介入而且应该会提出一定的意见。我非常担心如果安乐的生活来得太容易，那么公司里的顶级绩效者就很难有令人惊艳的表现。

销售薪酬钻石：评估和设计一个销售薪酬方案的切面

当销售领导团队仔细审查自己的销售薪酬方案时会发什么情况？他们会与核算专员沟通吗？一张电子表格就能成为核心话题吗？在设计销售薪酬时，高管和销售经理们通常依靠直觉或者过于繁琐的方法。让我们思考一下，当销售薪酬问题来袭时，在销售策略或销售角色专题会议上会发生什么情况。人们开始谈论佣金率应该提高还是降低。类似“为了推动绩效，我们还是设置一个加速器吧。或许我们需要取消方案的上限或者给低绩效者设定阈值。”这样的言论会充斥会议室。

销售团队只是刚刚触及过程的中段，正处在寻找非策略性答案的过程中。只有他们理顺了收入路线图中的各要素，才能过渡到销售薪酬设计过程。图 1-3 便是一颗“销售薪酬钻石”。

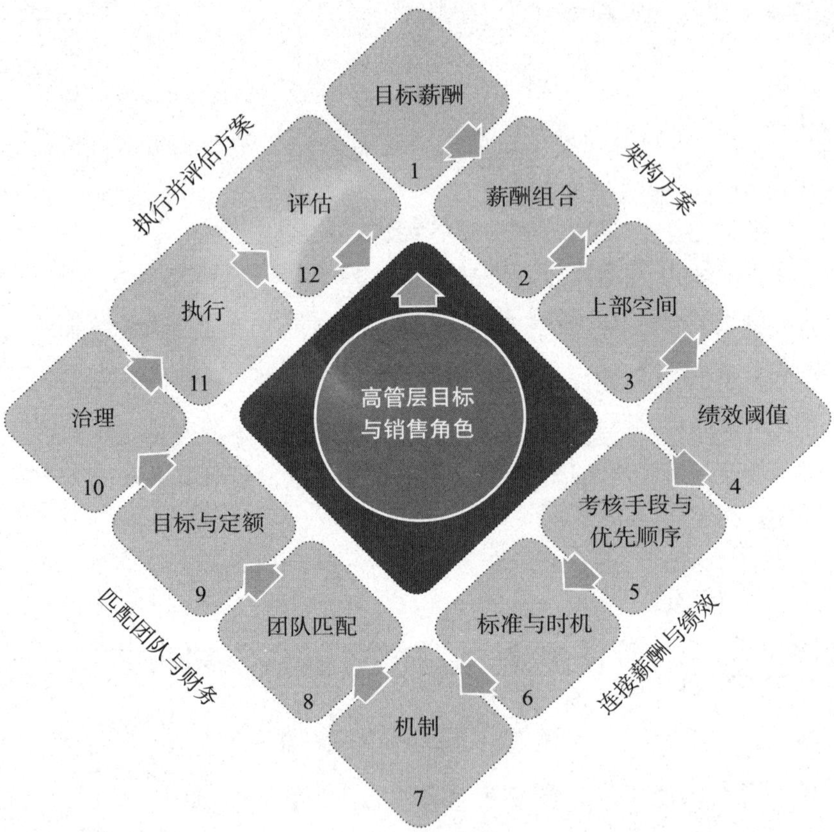

图 1-3　销售薪酬钻石

在启动薪酬设计之前，首先奠定高管层目标和销售角色的基础。销售角色的定义是由收入路线图中客户覆盖层级和高管层目标直接决定的。为了分离出关键策略及各自成功的要素，应当了解销售角色和每个岗位的关键要求。准确定位岗位的客户、产品、销售过程角色以及市场营销、执行或管理角色。

销售团队领导应该能够接受一个精心设计的销售薪酬方案并确认该方案支持的具体岗位。他还应该能够接受一系列经过汇总的销售薪酬方案并描述整个销售团队的销售策略。如果方案设计完美，它们可以直接反映团队和销售策略。

但问题是：团队中的所有角色都按照他们的关键因素得到明确定义了吗？他们可以毫无间隙或毫无冲突地覆盖整个销售策略吗？如果做不到，团队必须重新审视收入路线图。

一旦目标和角色都被清晰地表达出来，接下来便要逐一分析这颗钻石的其余 12 个步骤了。

确定目标薪酬

让我们思考一下相关的劳动力市场。这个以人才为目标的市场可能不同于企业争夺客户的市场。根据一个销售团队的策略，它可能不会和竞争对手从同一个人才库中招聘人才。在相关劳动力市场上，一家公司可能不会设定和劳动力市场中的竞争对手相同的薪酬水平或薪酬支付方式。面向销售人才的策略和价值定位都是有助于确定每个角色的目标薪酬的要素。每个角色的目标薪酬汇总后引申出目标总薪酬（Target Total Compensation，TTC）的概念，而后者将成为贯穿奖励方案设计的初始值。

高管层应关注的问题是：团队确定与之相关的劳动力市场了吗？这

个市场是在着眼于这个团队和角色的未来，还是在提供过往策略或设想的参考呢？

调整薪酬组合

薪酬组合明确了目标绩效下薪金和奖励所占的比例，它反映了目标或定额的绩效。目标绩效下薪金和奖励的总额应当等于岗位的目标总薪酬。在一个团队内部，薪酬组合因岗位类型的不同而不同，并受到销售过程的特征、销售类型和客户类型在内的大约 10 个要素的影响。例如，与一个专注于当前大客户管理的角色（可能是 70% 基本薪金加 30% 目标奖励）相比，一个专注于开发中等规模新客户的角色很有可能在目标总薪酬中拥有更高的奖励薪酬比例（可能是 50% 基本薪金加 50% 目标奖励）。

高管层应关注的问题是：薪酬组合与角色匹配吗？是否主要薪酬处在不确定状态的方案会带来与期望的销售过程不同步的积极行为呢？那些拥有较高基本薪金的方案会创造出一种薪酬权利文化吗？

创造上部空间

上部空间是顶级绩效者（通常处于第 90 百分位及以上者）可以获得的奖励薪酬，而且常常达到目标奖励的数倍。上部空间是帮助销售团队吸引和留住相关市场卓越人才的关键要素，并为团队明确高绩效的含义。

高管层应关注的问题是：顶级收入者真的就是顶级绩效者吗？我们可以清晰地把为顶级绩效者设计的奖励薪酬与为普通绩效者设计的奖励薪酬区分开来吗？

建立绩效阈值

绩效阈值是指触发薪酬方案支付奖励的绩效临界点。阈值通常反映了最低可接受绩效水平，若低于该值，这位销售代表通常在团队内保不住这个岗位。一家公司设定的绩效阈值可能极高，在这种情况下，任何一位客户经理都要拥有稳固的保留业务才能突破阈值。或者这家公司可能不存在任何阈值，在这种情况下，对于一位新业务拓展者而言，每一笔生意都表现为增值增长。

> 高管层应关注的问题是：一位销售代表若想保住自己的岗位或者获得任何奖励，他的最低可接受绩效水平是多少？绩效低下者存在薪酬过高的情况吗？

制定考核手段和优先顺序

绩效考核手段明确规定对每个角色最为重要的关键领域。每种考核手段都应该反映该销售角色可以控制的销售策略中最为重要的内容。很多团队所面临的挑战是确定在众多可能的考核手段中有哪几种手段应该包括在销售薪酬方案中。销售薪酬方案应该属于绩效管理方案的一部分，而且应该是那个岗位的核心预期。

> 高管层应关注的问题是：考核手段能够反映每个岗位的前两项或前三项财务和战略优先顺序吗？是不是方案的既定方针已经因太多考核手段而被稀释了，所以需要创造一种可供销售代表挑选的自助方案呢？销售代表可以有效控制他们方案中的每种考核手段吗？

明确标准和时机

对于方案中的每种考核手段而言，销售团队必须明确该考核手段能被追踪的标准。例如，团队可以在个人层面或区域层面为一位销售代表规定一种收入考核手段。每一部分的考核内容也将在某一特定时间框架内接受考核并按月或按季度支付报酬。围绕考核标准和时机的决策可能对销售代表的行为产生直接影响。考核标准太高，销售代表可能基本没有控制能力。考核太频繁，则会出现考核周期和较长的销售过程无法同步的情况。

> 高管层应关注的问题是：你的考核标准与你的销售代表对那些考核手段的影响力相匹配吗？你的考核和支付频率与销售周期的节奏相匹配吗，或者说这个频率正在反常地拉长或缩短销售周期吗？

设计机制

设计机制能够确立绩效和薪酬之间的联系。大多数销售高管都会从这个环节入手，而不是先完成之前的步骤。如果你的团队正在从这里开始，那么他们便错过了一半的过程。

虽然设计机制似乎非常复杂，包含各种比率、障碍、关口、加速器和积分制度等要素，但它们可以简化成三类：基于比率的机制（或者称为“佣金”）通常是支付给销售代表一定比例的收入或毛利润，或者根据单位销售额支付给一定的金额；基于定额的机制通常因为达到一个具体定额或目标而支付一份目标奖励，该机制会围绕绩效水平确定支付的具体数额；联系机制则在两种考核手段或机制之间创造出一种相互依赖的关系。例如，完成一个产品组合考核目标可能导致出现一种联系并成倍放大总收入佣金的支出。

> 高管层应关注的问题是：计划机制易于理解和计算吗？它们会和目标完成达成一致吗？或者说一位销售代表的收入水平会令他本人满意吗？为了控制薪酬水平（一种下游要素），陈旧的佣金比率结构正在迫使销售团队通过架构客户区域（一种上游要素）实现逆向操作吗？

团队匹配

一项完整的销售薪酬方案包括一系列的销售、销售支持和管理角色。为了实现团队协同工作，方案设计必须作为一个完整的系统统筹考虑。这种匹配点会核实销售人员作为队友如何与同事一起参与到销售过程中，而后者可能包括业务开发人员、客户经理、一线销售代表、产品和市场专家、销售支持和渠道合作伙伴等。这种匹配点还须检查从一线团队一直到每个管理层的纵向整合情况。

高管层应关注的问题是：销售薪酬方案会推动团队工作呢，还是它本身就存在潜在冲突点呢？销售经理和一线团队在使用相同的考核手段，还是他们各自的优先顺序根本就不存在交叉呢？

设定目标和定额

定额就相当于销售薪酬方案和绩效之间的“车轴销”。目标和定额应当根据市场而定，反映每一次客户分配或每一个客户区域的相对机会，也应当与销售代表已充分了解的销售过程一起创建，同时与他们投入的资源更好地结合起来。随着时间的推移，市场和团队变得越来越完善，团队定额的确定过程通常从更为内在的或以历史为导向的方法向更为市场化的方法过渡。在公司初创阶段或者在新兴市场中，一个团队可以为每一位销售代表分配相同的目标，它所依据的设想是每位销售代表都有类似的市场机遇和销售能力。对于一位无区域限制的新业务开发者而言，前述做法在若干年内都具有合理性，但对每一位销售代表而言，他所负责的区域或客户分配都是有所不同的，他的客户都是靠正常增长积累下来的，并为他的重复或预期收入打下坚实基础。掌握更多成熟客户的销售代表可能比那些掌握较新客户的销售代表拥有更牢靠的既有收入基础。

对很多公司的高管来讲，回顾历史表现和预测未来趋势似乎在一段时间内是有效的。然而，他们很快意识到，他们做得并不好。他们不是在让顶级绩效者背负始终在不断提高的目标，就是在向那些管理基数庞大且增长缓慢的重复收入的销售代表过度支付薪酬，还有就是那些勇敢的新业务拓展者在吸纳新客户时只能获得可怜的奖励薪酬。

高管层应关注的问题是：每位销售代表都是从属于一个代表各种绩效水平的整体业务发展计划吗？销售定额是有远见的指标，还是埋在故纸堆中的指标呢？销售代表清楚并认同目标设定过程吗？

创建治理过程

除了销售薪酬方案的核心设计之外，还有执行更广泛的方案的过程和政策。一个良好的治理过程就像这个销售薪酬方案的章程，它从一系列方案中提取有助于公司发展的有效的和有影响力的方案。就其本身而言，如果没有一个清晰的治理途径，销售团队有可能整年都在忙着制定各种治理规定，有时甚至以一种被动的方式。

更为糟糕的是，有些被动局面可能让公司疲于应付，具体表现在因雇员对方案产生分歧和曲解而提出挑战或提起诉讼。想必大家都听说过这样的案例：有销售代表做了一笔大生意，但公司认为它不在销售代表职责范围之内，也不在薪酬方案之内，故而不支付佣金，不过法院支持销售代表并判公司向他们支付数百万美元。

高管层应关注的问题是：公司有没有制定明确的销售薪酬章程？这个章程考虑到公司过往方案所积累的海量信息了吗？这个治理过程清晰吗？是不是某些解释会将公司置于更加危险的境地呢？

执行方案

随着销售薪酬方案的完善，销售团队也做好了执行的准备。第一步是沟通和首次亮相。实际上，在方案评估期间即应该开始沟通，辅之以雇员和利益相关者的资源投入，并通过测试和社交分享继续设计过程。如果沟通过程始于方案引入阶段，那么领导团队可能会处在被追赶的状态。

利用一整年的时间执行这个方案，会让团队充分考察创造出来的所有战略联系、设计出来的所有要素和建立起来的治理过程。从战术的角度看，科学技术或许也可以用来追踪绩效、管理薪酬并为销售代表和管理层提供一种沟通的途径。

评估方案

方案评估应该是一个全年都在进行的常规过程，它利用仪表盘式图表和工具监控薪酬与绩效之间的关系、目标完成以及高低绩效者的分化。

> 高管层应关注的问题是：这个方案现在是如何执行的？可以做出什么改进？怎样与参与者沟通这个方案？定期通知和强化信息的支持过程是什么？是否在任何时候都有一个现成的常规评估过程在观察这个方案的绩效和影响，或者汇总不同来源的信息是否是一个疯狂的行为？

将这颗“销售薪酬钻石”装在口袋里，甚至为了你的团队将其分割为薄片，因为我们坚信你最终会有求于它，尤其是当你的团队就方案设计和分析做深入交流的时候。若想获得完美的销售薪酬方案，关键的一点是让关乎每个人利益的团队拥有一个“剧本”，以便确认你已经考虑到了所有的步骤。在团队“剧本”确定之后，接下来你便可以分层次确定你的策略匹配、业务绩效和结果、同类企业的最佳实践以及你的创造力，从而为你的业务提出一个富有影响力的解决方案。

你需要向你的团队问与销售策略有关的五个问题

1. 我们怎样才能围绕目标客户、核心产品与战略产品、渠道组合、销售人才和财务状况把我们的优先顺序有效表达出来？
2. 我们的薪酬方案怎样才能更好地反映出按照收入路线图和高管层目标所做的决策？
3. 哪些挑战与销售薪酬有特殊联系，另外这些挑战会成为重大策略问题的指标吗？
4. 我们的方案设计如何帮助我们实现目标？
5. 我们是在遵循一个在逻辑上面面俱到的评估和设计过程吗？

第 2 章

宠物狗、杜宾犬和寻回犬

培养你需要的销售类型

在费城中心城区近郊，我们正沿着斯古吉尔高速公路（Schuykill Expressway）龟速前进，这条路被当地人戏称为“必杀痛苦大道”（Sure Kill Distressway），至于原因，有人说是这里的交通流量大，有人说是这里频发事故。现在是早上 9：30 刚过，天气已经很热了，尽管已过了早高峰，但交通依然拥堵。托尼是一家运输服务公司的销售人员，他正在我们的陪同下前往一家制造厂，那是他的一个大客户。路上的堵车状况给我们这次销售拜访蒙上了一层阴影。

当我们驶进一个分销中心破旧的停车场时，托尼和我谈到了他的计划：“这次能来拜访这个客户我很高兴，因为我下周要去度假，这次不来，下次来恐怕要等到下个月了。”很显然，度假在托尼心里的分量颇重，而且也不仅仅是下周的问题。这种心态源自他的 DNA。托尼是一只“宠物狗”。

我们在一间乱糟糟的办公室里见到了那位客户，他叫约翰，是这家分销中心的经理。我们在这座建筑里停留了 40 分钟，其中和约翰面谈的时间不足 10 分钟。约翰真的是那位客户或者说决策者吗？约翰和托尼做了简短交流，主要谈及正在运抵的大批货物以及托尼所在的公司没有及时运走的一些货物，这让约翰有些恼火。约翰每天都要协调运输公司运输自己的零担货物，在他的小黑板上写满了长途运输商的日程安排。但约翰的安排真的是在让托尼所在的公司多承担一部分业务并把一些存在竞争关系的运输商从小黑板上划掉吗？托尼是不是漏掉了什么事、什么人或什么应完成的工作呢？

托尼已经从事运输服务推销20来年了，他很满意自己的身份。短暂交流后，托尼大步走进仓库，在里面待了30分钟，时而与员工说话，时而用卷尺测量货物尺寸，估算码放在托盘上的各种包装箱的密度。他向我解释，这是要估计一下这家公司正在装运的货物总量。这时一个问题闯进我的脑海："这是在帮助客户估计他们的业务量，还是在用托尼所在的公司的作业标准衡量对方？"

结束这次销售拜访后，我们回到托尼的车上。我已经准备走了，但托尼还有一些工作要做。他打开自己的文件夹，里面夹着一沓提前打印出来的文件，上面有大量需要填写的内容。"走之前我们要完成这份客户拜访报告。"他告诉我。

托尼的目标并不在销售收入或者销售量甚至真正完成自己的定额上。在过去20年的时间里，他一直一丝不苟要做的事非常简单——占用一定的时间维持客户关系的营销活动。事实上，当我们深入思考这个问题时，我们发现考核托尼的是运输量和客户接触时间。这其中，由于他有庞大的客户群做底，所以近些年来他完成的运输量没有什么变化。从企业实践看，客户接触时间是与"销售成功"有关的考核手段。对于托尼及其团队内的大多数销售代表而言，客户接触时间不仅包括与分销中心经理简短的对话，也包括他在仓库的时间，甚至还包括他在停车场填写客户拜访报告的时间。

回到公司总部，公司的销售高级副总裁言辞犀利地抨击其属下的销售团队。"他们是一群'宠物狗'。他们不去寻找新业务。他们只会按照命令做事。他们拿到的薪酬过高。为什么他们不开车出去寻找新业务呢？"

在过去的10年里，运输业务已经变得越来越难做了，竞争越来越激烈，而且业内那些大公司正在被规模较小但更具侵略性的竞争对手赶超。事情的真相在于如果公司的策略是寻找新业务，那么它们拥有的“犬种”就是错误的。几十年来，这家公司一直培养的都是“宠物狗”，而在新的竞争环境下，这种狗不适合捕猎。若想要得到新客户，这家公司就需要“杜宾犬”，或者至少是“寻回犬”，才能在当前的客户中找到新业务。这是一个非常适合养老的团队，因循守旧者是接受不了新生事物的。托尼和他的同事们几十年来已经形成僵化的行为模式，想把“宠物狗”重新训练成“寻回犬”无异于痴人说梦；而且他们当然也不会期待自己像“杜宾犬”那样行事。这家公司已经深陷错误的基因库中。它需要在“犬种”上做出改变并推出新的销售薪酬方案以激励和推动企业的绩效。

随着销售策略的调整与改变，销售团队也会发生改变，销售角色要么发展要么失败。有一位刚刚和我们有过合作的CEO，他对年复一年支持自己销售策略的各种销售角色非常关注。“我希望参与解决销售团队的结构问题，”他说，“对于新业务拓展者和客户经理层而言，我愿意为新业务拓展者提供更高的薪酬。只要销售成本可控，我倒乐于付给他们更多的钱。但我希望他们保持饥饿感。薪酬必须与绩效挂钩。为了获得他们所希望的生活方式，这些销售代表必须学会捕获并且杀死猎物。我们一些顶级绩效者在周末时还加班加点地工作。我想一分耕耘一分收获应该没错吧！”

你需要哪个“犬种”：销售角色和收入流如何相匹配

公司会一年年地发展起来，但它们的成长轨迹并非一条直线。它们在保住来自当前客户的一些收入的同时，也会失去一些收入和客户，但它们在其他领域会有所突破。分析收入和利润的波动情况可以帮助一家公司想明白它该如何发展、如何规划好未来的业务增长、如何匹配销售角色以及如何在那些角色中看到所希望的结果。

收入增长的三个基本策略

买方维度（当前客户和潜在客户）和提供物（现有的和新的产品或服务）描述了各种可能的收入流（详见图 2-1）。在这些可能性当中，其实只需要抓住以下三种基本策略即可。

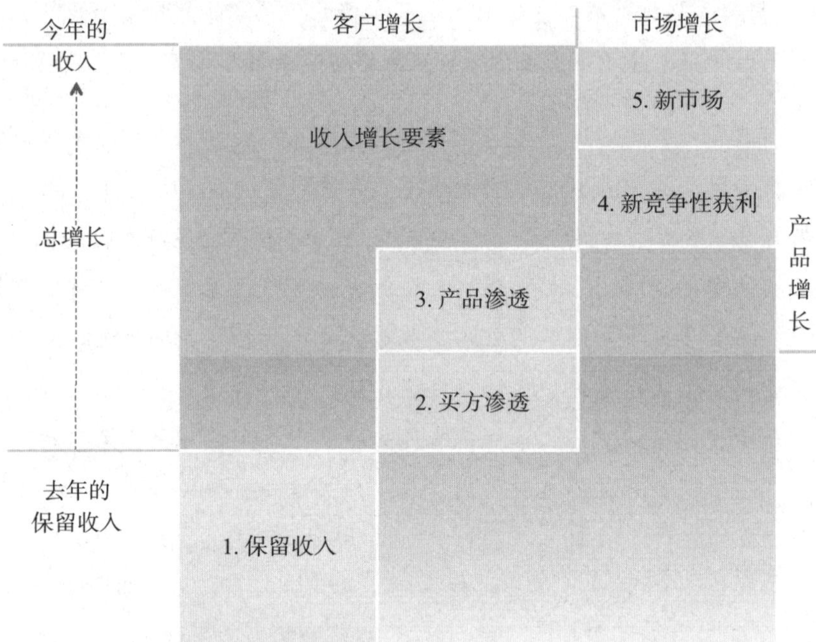

图 2-1　收入增长要素

1. **一个团队可以从自己当前的客户那里保住收入，即所谓的“保留销售”。** 虽然一个团队实际上不会损失多年来积累的任何客户资源，但它通常会从当前的提供物中损失若干当前收入。所以说，这是一种繁荣的假象。客户是保住了，但一些业务丢掉了。事实上，普通的 B2B 销售团队只能保住上一年收入的 84%。所以，为了团队的发展必须寻找新的收入。

2. **一家公司可以从现有客户中增加收入，即所谓的“渗透销售”。**渗透销售又可以分成“买方渗透”和“产品渗透”两种不同类型的销售。“买方渗透”是为同一种产品或服务找到另外的买方。例如，一家专注于地面运输的运输公司会试图从使用其服务的同一家大型客户内而不是从另外一家运输公司那里或通过其他运输方式得到更多的买方。“产品渗透”伴随客户可能原本不会购买的附加产品而来。例如，一个客户正在使用某运输公司的地面运输服务，该运输公司便可以以此为跳板，向该客户销售自己的空运服务，从而获得更多的业务增长机会。
3. **一家公司可以通过“新客户销售”创造收入，这种销售模式也可分为“新竞争性获利”和“新市场销售”两种类型。**“新竞争性获利”通过发展正在从竞争对手处购买类似产品的新客户来提供增长机会。这家运输公司可以从去年控制某项国际运输业务的一个竞争对手那里抢走一份国际运输新合同。“新市场销售”是指与之前并未购买某种产品的新客户创造一种新的合作机会。例如，这家运输公司可以向一个新客户提供物流服务以帮助客户改善自己仓储设施的运营。当然，这个策略最终也会导致该公司赢得这个客户的运输业务。

由此可见，图 2–1 是划分销售区域和销售角色以及确定团队需要何种类型销售人员的好工具。

销售角色与对应“犬种”

每种潜在的收入流如何与销售团队建立联系呢？每个重要的收入与利润增长领域应当有与捕捉那种增长机遇相对应的计划，并有一个销售角色或一组销售角色来执行那项计划。基本原则是确保销售薪酬方案对销售角色有意义。"对我而言，最为重要的事情莫过于拥有适合的岗位和适合的人选，"万宝盛华集团北美公司的道格·霍兰说，"听起来极为简单，但当有了适合的销售角色时，薪酬方案才会发挥良好的作用。如果某个岗位在设计时并未充分考虑对销售策略的推动作用，那么变数就在于薪酬方案可能与岗位设计存在冲突，或者虽然它与岗位设计保持一致，但销售策略无法得到满足。"霍兰认为，CEO 或者总裁应该负责设定期望值："轻飘飘地说一句'薪酬方案有问题'没有意义，我们需要提出更尖锐的问题，'我们花时间认真设计我们的经营策略了吗？我们在适合的岗位上有适合的人选吗？'无论是 CEO 还是总裁，他必须在思考薪酬之前确认拥有适合的策略、适合的结构和适合的人选。"

确保销售团队清楚销售角色会为销售薪酬方案的编制奠定坚实的基础。销售薪酬方案是公司发展的根本保证，然而令人奇怪的是，我们无数次走进各家公司的大门，却发现它们的薪酬方案与策略并不匹配或与销售覆盖模式处于失配状态。

当描述销售角色及其个性时，我们倾向于使用"犬种"而不是更常见的"猎手"或"农夫"之类的隐喻，因为这样描述起来更方便并让这些个性鲜活起来。一个农夫有可能变成一个猎手，但大多数犬种显然不能从一个种类变成另一个种类。为了实施增长计划，大多数公司都有丰富的销售覆盖选项，而"犬种"则表示销售角色的很多选项和特征都需要给予明确界定和酬劳。图 2-2 阐明了这些"犬种"是如何进入市场的。

图 2-2　杜宾犬、寻回犬和柯利牧羊犬所代表的销售角色

杜宾犬型销售人员

杜宾犬始终在寻找新的机遇，属于带头大哥型的犬种。杜宾犬型销售人员至少有两种类型：追逐下一笔新客户交易的竞争性僭取的销售人员和担当长期业务拓展者的销售人员。

如果你了解杜宾犬，你就知道它们擅长连续作战。我的朋友比尔就是一名典型的杜宾犬型销售人员。他的眼睛总是盯着外面的世界。走进他的办公室，你准会看到他正在频繁地接打电话。在办公桌的一角，你会发现几块卸下来的手机电池，活像一个个空弹夹。他是典型的客户关系开发者，似乎总在联系新客户。比尔通常会与潜在客户建立首次和第二次联系，因为他的关系网极为庞大，不过他有能力驾驭这些关系。他并非徒有其表的“大拿”；他知道他在谈什么，他会把倾听客户需要放在第一位，并且善于快速地把自己成堆的解决方案与客户的需要近乎完美地匹配起来。

当他达成一笔交易的时候——这种情形很常见——他会停下来庆祝一下，但绝不会停顿太长时间，因为他的内在驱动力会推动他继续寻找下一个机会。比尔会遭到拒绝吗？经常会。但他并不会因客户的拒绝而气馁，这是他的工作态度。拒绝不会影响他重新开始的决心——下一个潜在客户就在前方。

比尔就像一条训练有素的杜宾犬，他是你最好的朋友，但如果你试图抢走他的“骨头”，你可能会失去一个好帮手。如果你是比尔的一个客户，你会非常喜欢和他做生意，但除非你有了另一根“骨头”，否则不要期待他长期守在你身边。由于缺乏内省，所以像比尔这样的销售人员需要一位好教练带他进入你的节奏中，时不时地令其稍有反思。才华横溢的他最终会推动营销策略中一项重要内容的完成——新客户拓展。

杜宾犬型销售人员在受到经济刺激后，可能会为了高额薪酬而冒险。不过有风险的薪酬意味着巨大的上部空间。因为杜宾犬型销售人员自视为高绩效者，所以他们当中的很多人对他们的薪金不屑一顾，而将目光锁定在目标奖励上，他们把自己的生活方式与上部空间绑定在一起。除了薪酬之外，杜宾犬型销售人员同样看重个人的成就感和同事们的认可——尽管他们中的大多数人都认为自己是出类拔萃的人。在一个拥有良好销售薪酬方案的团队内部，如果一名杜宾犬型销售人员在某个特定年份得到的现金收入比他的顶头上司甚至公司总裁都多，这也是很正常的事情。如果他认为自己的收入已经到顶了，他可能期望到另一个团队寻找下一份工作，在那里他的收入会有更大的上部空间。

寻回犬型销售人员

在狩猎这个行当，寻回犬型销售人员是按照伙伴培养的。与杜宾犬型销售人员不同的是，他们不会不受控制地潜行，而会在现有客户的狩猎场内寻找机会。他们通常负责保留当前客户收入的基础部分，而且更为重要的是，在现有客户内部寻找新的增长点。寻回犬型销售人员的眼睛紧盯着自己的客户覆盖范围。在发现新机遇的时候，他会冲过去擒获猎物并带回家。

寻回犬型销售人员在追逐新机遇时通常表现得很机警，这一特点有时不利于保护当前的基础业务。虽然他去追逐新机遇了，但他依然会留意自己的大后方，或者让柯利牧羊犬型的销售人员负责警卫（柯利牧羊犬这个角色会在下一节详述），以防竞争对手公司的杜宾犬型销售人员偷走他的客户。

玛利亚为我们的一个客户工作，负责向大公司推销高档办公家具。她很善于培养客户关系，是典型的寻回犬型销售人员。在过去的这些年里，她开发了一大批客户，而且忠诚度很高，究其原因是她很了解他们的需求。你经常能看到玛利亚参加重要的客户团队会议或者在午餐时把她的一位客户介绍给另一位。客户都能感受到玛利亚的感召力。他们信任她，把她当作自己团队的一员，主动听取她的建议却不必担心被出卖。她的典型客户是她的一个疯狂粉丝，那个人会代表玛利亚主动给一位新客户打电话，先介绍玛利亚再介绍自己的公司。如果玛利亚离开了现在的公司，很显然她的客户都会跟着走。

玛利亚研究客户不仅仅为了短期目标而是为了延续多年的长期目标。她是一位客户规划师，虽然她厌倦填写那些表格，但她有与客户一起开发的属于自己的客户规划，此类规划都驻留在自己的大脑里。她天生具有构建客户关系和关心客户的才能，这帮助她年复一年地增加收入。她的内在动力驱使她寻找新的途径来帮助客户和她自己，而不只是陷在舒适的沙发里考虑自己的享受。不管怎样，她不是杜宾犬型销售人员。如果要求她出去寻找新客户，虽然她也愿意尝试，但她发现自己在不熟悉的领域找不到如鱼得水的感觉。

金钱对寻回犬型销售人员的激励作用很强烈，他会勤奋地完成自己的定额，但你不要期望他会不计后果地追求奖励并做出过分激进的行为。你需要掂量一下给他的奖励，让这种奖励既具有激励作用又能推动客户关系的管理和发展。

柯利牧羊犬型销售人员

柯利牧羊犬是真正的宠物狗，而柯利牧羊犬型销售人员是客户最好的朋友。来自费城的托尼（本章开头有介绍）便是典型的柯利牧羊犬型销售人员。他的作用是盯紧客户，所以他能充分领悟客户的各种需求。如果你是他的一个客户，他可能绝不离开你的左右，而且随着时间的推移，他甚至感觉他是贵公司的一员。柯利牧羊犬型销售人员是最棒的业务维持者，因为他们最了解客户并能提供高质量的服务。

柯利牧羊犬型销售人员虽然拥有这般亲和力但也有缺点，他对新机遇缺乏洞察力，甚至能让机会从眼前溜走。当他吃饱喝足、衣食无忧，坐在舒适沙发里的时候，他不会有太大的动力去追逐新的猎物。他们最容易安于现状。托尼能够娴熟地与当前客户合作，所以他不去想如何发展自己的业务。

尽管柯利牧羊犬型销售人员对于艰苦工作的理解和公司的期待处在不同的层次上，但他们最看重工作的得心应手。针对柯利牧羊犬型销售人员的销售薪酬设计通常要关注保留业务和发展业务的比例是否适当。杜宾犬型销售人员愿意冒险获取丰厚的薪酬，而柯利牧羊犬型销售人员则在保证高比例基础薪酬的前提下，名义上留有一定比例的风险薪酬以推动长期客户关系的发展。在设计柯利牧羊犬型销售人员的薪酬时，要注意确保奖励可以驱动他的行为，而且不能让丰厚的基础薪酬消除他的饥饿感。

波音达猎犬型销售人员

波音达猎犬型销售人员为寻找机遇而生（详见图 2–3 右上角图块）。一位波音达猎犬型销售人员可以是一位新业务拓展者或是一位打电话寻找潜在客户的内销员。他或者在新客户领域或者在熟悉的当前客户领域寻找机会。他专注于在团队看来并不起眼的场景中挖掘销售机会。虽然波音达猎犬型销售人员通常不具备手到擒来的本领，但他会把这个机会交给离他最近的杜宾犬型销售人员或寻回犬型销售人员，让他们把猎物带回家。

雷就是一位波音达猎犬型销售人员。他把一半的时间都消磨在办公室隔间内：他头戴耳机，时而在 24 平方米的办公室里踱步，时而停下来通过一连串的电话跟踪公司的最新市场营销活动。雷可以设计出一份精致的市场营销方案，娴熟地借助它捕捉客户的兴趣点并掌控至关重要的首次接触。他富有侵略性；他的工作就是打电话，一条一条寻找销售线索。挂断电话仅仅几秒钟后，有关下一个潜在客户的另外一屏信息出现在他的电脑上，此时自动拨号器也在迅速拨打那个号码。电话铃响起，在潜在客户应答之前，他迅速扫一眼屏幕，了解这家公司、买方和关键特征。为了保持思路清晰，他在打电话的间隙，会开一罐红牛饮料犒劳自己。雷一天的工作就是拨号、说话或者搜索。周一，他会重点关注财经板块，与买方的中级经理人交流。周三可能会和医药领域的高管对话。雷创造出来的产品通常正是本团队所需要的大量的机遇。

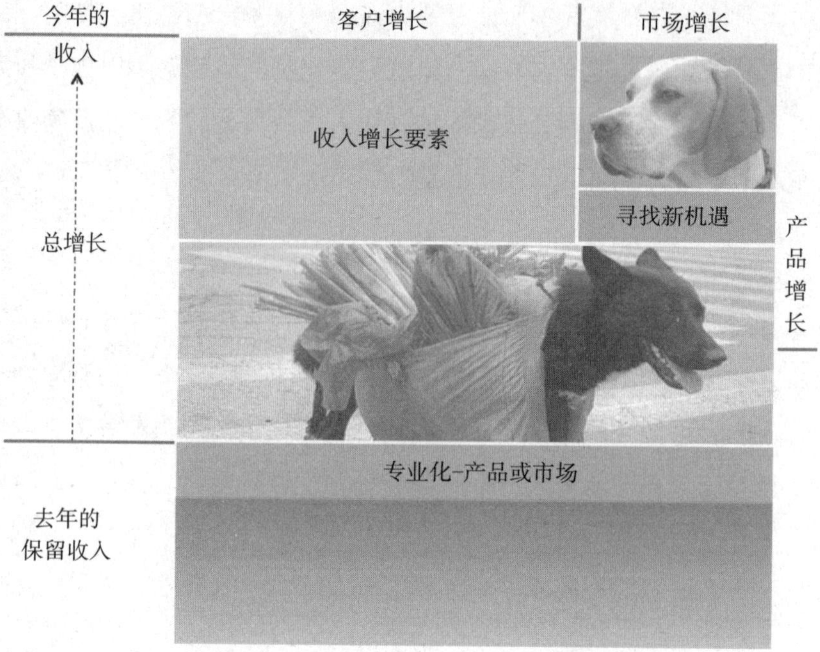

图 2-3　来自波音达猎犬型销售人员的收入

雷的另一半时间是与客户面谈，会有承接他所提供的销售线索的杜宾犬型或寻回犬型同事作陪。虽然他可能不会做这单生意，但他最初建立起来的客户联系在最终促成这单生意时发挥了极为重要的作用。

我们可以把雷和他的波音达猎犬呼叫中心称作各种现场销售角色的"人才培训中心"。作为一位接受过良好训练的、年轻的波音达猎犬型销售人员，雷将会变成成功的杜宾犬型或寻回犬型销售人员。

为波音达猎犬型销售人员提供的奖励措施通常集中在创造的交易数量和质量提升的机会上。考虑到销售线索的开发周期，为了促进正确的销售行为，为波音达猎犬型销售人员提供的奖励措施可能要么具有侵略性、要么具有保守性的特点。

服务犬型销售人员

可以充当服务犬型销售人员（详见图 2–3 中间图块）的人有很多，只要他们在某一特定领域拥有专业化和知识化的特征就具备资格。服务犬型销售人员配合杜宾犬型和寻回犬型销售人员工作，提供深度产品应用，或满足超出普通销售人员能力的特定行业的需要。服务犬型销售人员可能被允许进入常规销售人员不得进入的地方，因为客户经常把服务犬型销售人员视为并不隐含商业动机的个人助手，容易得到客户的信任。和柯利牧羊犬型销售人员一样，服务犬型销售人员在服务过程中也存在一定的风险，为了配合客户，他变得与客户的团队有些难以区分，所以有时缺乏追逐新机会的洞察力。虽然服务犬型销售人员可能不会像杜宾犬型和寻回犬型销售人员那样抢夺“骨头”，但他有可能凭借自己的专业知识提供导盲犬的功能，识别出客户和其他销售人员可能无法发现的其他机会。

销售工程师罗杰便是典型的服务犬型销售人员。他的童年玩伴说他是一个怪人，但他的专业知识与他善解人意的能力一经结合便成为客户和所在公司眼中有价值的资源。在一天的大部分时间里，罗杰都是忙着配合客户的技术部门或者与本销售团队成员的工作，提出改进建议和促成交易。如果有时间做自己的事，他可能会甘于寂寞，开发下一个销售角色的社交网络站点。但在他的团队和适当奖励措施的激励下，他已经成为销售团队中的关键角色。虽然你经常会在晚上看到杜宾犬型或寻回犬型销售人员陪客户外出吃饭或在家里与家人共进晚餐，但罗杰的身影最有可能出现在自己的书房里，手捧笔记本电脑，连上公司网络，试图解决白天一位纠缠不休的客户留下的技术难题。

罗杰会受到经济奖励的激励，但和大多数服务犬型销售人员一样，他因自身成功获得的内在奖励以及从自己团队和客户那里获得的赞誉才是真正推动其前进的动力。

服务犬型销售人员的销售薪酬受各种因素的综合影响，包括是否受一个特殊定额的约束或者与其他销售资源一起发挥叠加的作用。如果他有特殊定额，那么他的奖励在总薪酬中将占相当大的比例；或者如果他担任一位普通销售代表的帮手，主要职责是配合后者的工作，但又不会过多介入业务细节，在这种情况下，他的奖励在总薪酬中将占较小的比例。

杂交犬型销售人员

杂交犬（详见图 2–4）是一种杂交品种，可以是有意而为的杂交，也可以是意外的杂交。杂交犬型销售人员通常涵盖从当前客户管理到新客户销售等一系列销售策略和角色，包括寻找销售线索、创造机遇、达成交易以及辅助实施等。

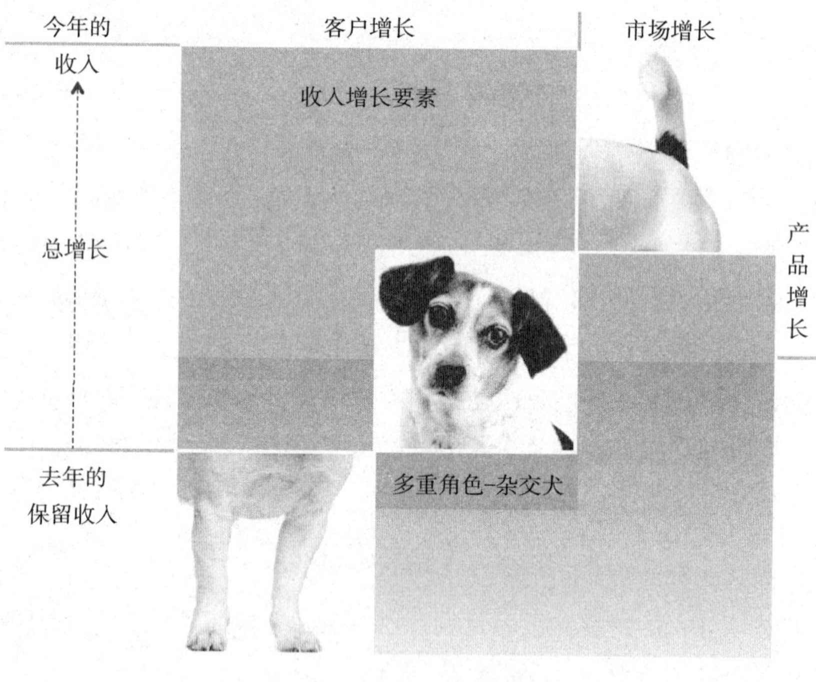

图 2–4　杂交犬型销售人员

识别杂交犬型销售人员的一个简便方法是寻找过于张扬和过于内敛的销售代表，这两类人都试图驾驭一系列超出自身能力的角色。在一些销售团队中，杂交犬型销售人员可以通过选择性杂交创造出来，但在大多数团队中，他们基于公司的需要和销售能力的约束进化而来。通常情况下，杂交犬型销售人员可能是个万事通，但有时他也经常会自废武功。

金婕在这家公司已经工作了几十年。在公司还不成气候的时候，她就进入公司了，她主要负责向新客户推销产品。随着她日渐成功以及公司的发展，金婕的很多新客户也变成了长期客户。由于她的定额每年都会提高，她不得不继续寻找新客户，同时还要管理不断扩大的现有客户群。在把握这个角色的时候，她要努力平衡相互矛盾的销售优先顺序、客户管理和服务。金婕的公司将其视为超级明星，但伴随不断增大的工作负荷，她更倾向于把自己看作一颗陨落之星。那些当初和金婕一起成长起来的同事要么承担类似水平的工作，要么已经离开该公司转投竞争对手的公司，那里能提供更清晰的角色定位和更好的生活质量。

金婕经常从办公室前往客户处推销产品，她的包里塞满马尼拉纸文件夹，并试图管理自己繁重的工作安排。但由于工作越来越不顺手，所以她的挫折感与日俱增。她的公司可能很快就会有所领悟；高管们现在正在思考如何认真对待客户群并使用更专注的销售角色。我希望，无论对于公司还是金婕来说，销售团队现在采取行动，犹未晚矣。

就像杂交犬角色本身一样，针对这种类型的销售人员的奖励措施可以尝试打包处理。主要思路是令杂交犬型销售人员的奖励在总薪酬中保持适当比例，并尽量把附带一系列责任的薪酬包括进来，例如新客户开发和当前客户管理。如果二者之间的奖励没有区别，那么杂交犬型销售人员通常会受到她感觉最舒适的领域的吸引。在大多数情形下，高绩效的销售团队最终会抛弃这些混合型销售角色并转而使用更专注和更有效的角色。

有关销售角色的总体认识

那么销售人员的犬种分类法会对销售薪酬方案产生何种影响呢？当销售薪酬方案执行良好的时候，我们可以清晰地看到销售角色的作用。但当遇到托尼那种情况时，这种效果也可能是模糊的。他的方案只是最低限度地代表了他的角色并驱使他做出不可取的行为。一个精心设计的销售薪酬方案可以清晰勾勒出销售角色的形象：他所负责的客户类型、产品类型、他的优先顺序，甚至他所遵循的销售过程的长度和复杂程度。在一个平庸的薪酬方案中，销售团队在最好的情况下也会产生困惑感，而在最糟糕的情况下则会深陷于日复一日的错误行为中。如果这个销售团队的奖励措施与销售角色并不匹配，那么它所遇到的问题要比正在处理的薪酬问题更大。

针对销售人才和销售角色，我们有几点总体认识：在考虑什么类型销售人员满足业务需要时，要在团队的大背景下审视那些角色的匹配程度；不要期待每个角色都能包打天下；一个角色有特定的整体维度，而且他能做的也仅限于此；当对这个角色的要求扩大时，如果担当该角色的那个人会变得表现欠佳，最终该团队不得不创造另外的新角色。

我们最近与一家资产规模达数十亿美元的公司有过合作，它的 57 个销售角色都有独特的定义和薪酬方案。每个岗位都有单独的绩效考核手段和机制。不仅仅在计划本身，而是在整个系统内都存在令人咂舌的内在复杂性。例如，一个岗位要接受五项绩效考核。57 个销售角色要对应上千个销售代表，而且每个角色都有独特的薪酬方案，所以这家公司无法有效管理整体的薪酬方案。这种复杂程度令薪酬体系失灵。过多的岗位数源自团队的评估。它有兼并的公司和附属企业。此外，它还有两个事业部，其中一个专注于公司的传统核心产品，而另一个则负责新技术领域。随着公司规模的扩大，岗位数量的增长就像一棵树的枝桠和树根，同时在空中和地下恣意生长，直到完全失控。

可以想见，当发薪日临近的时候，销售运营、人力资源及财务都会收到来自一线销售办公室的各种令人不爽和令人惊讶的信息，如“我们需要在我们的客户渗透计划中支付这个 20 人新小组的薪酬”。

销售薪酬管理人员会问：“我们从未听说过这个小组。这是个什么岗位？”而销售运营团队一定会心生恼怒，认为这帮家伙都不知道自己的销售团队在做什么。与此同时，财务团队只会为销售额与预算的不匹配发愁。接下来，他们都要想办法筹钱付给那些人。而所谓的薪酬方案管理更像薪酬方案无政府状态。

通常，各种岗位之间是有共性的。另外可以在某些平台之上构建一个更为融洽的系统。在审视这家公司各种岗位的薪酬方案时，我们看到有几个重要的岗位特征可以让岗位定义和薪酬方案更加有效。

销售角色的六个维度

典型的销售角色与销售薪酬方案有直接的联系。在确认那些角色的时候，需要考虑以下六个维度（详见图 2-5）。一个销售角色（渠道或者岗位）由令其有效率而且还可以拓展其能力使效率达到最大或限制其效率的多重因素组成。在构建并管理销售角色的时候，下面讨论的因素必须考虑进去。你可以用这些因素明确定义销售角色乃至你需要为团队和销售薪酬方案提供的内容。

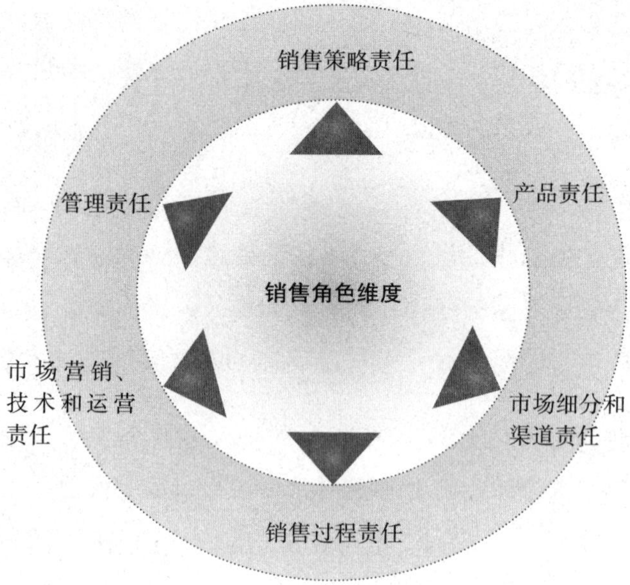

图 2-5　销售角色维度

销售策略责任

该维度规定被团队列为营销目标的客户类型，如公司能留住当前客户吗？它是在通过产品渗透（销售更多相同的产品）还是买方渗透（获得更多的买方）获得当前客户的？它在寻求客户获取吗？各种可能性的综合作用奠定岗位的总体方向。

产品责任

该维度描述某一销售岗位向市场销售的产品、服务和提供物，如销售代表出售的是一件产品、多件产品还是整个产品组合？销售代表负责的产品越多，他的辐射面就越宽。例如，一位产品专家应该是有重点的和专注的。一位销售整个产品组合的销售代表可能需要一些技术专家提供的支持，尤其是当产品很复杂时更是如此。

市场细分和渠道责任

该维度帮助与客户直接打交道的销售代表确认客户群及其特征。市场细分可以被简单地定义为主要客户、关键客户、中端市场客户和核心客户，也可以按照客户、价值或需要来定义。市场细分也可以垂直分类，如医疗卫生或交通，或这些变量的组合。

渠道责任是指第三方渠道的覆盖和管理。一个团队可以借助分销商、中间商、推荐合作伙伴或其他类型的第三方企业帮助获得客户。在这种情况下，团队通常使用一个与自己的渠道合作伙伴协同工作的角色。事实上，它可能需要两个角色：一个渠道获取角色（到市场上获取那些客户关系的人）和一个渠道管理角色（管理、维护和发展那些客户关系的人）。

销售过程责任

该维度是指销售岗位横跨的销售过程的广度。销售过程可能是比较宽泛的，其中包括寻找销售线索、获取资质、设计解决方案、提案开发、交易达成甚至履行等。如果你安排一位销售人员做所有这些事——从寻找销售线索一直到交易达成和履行——这就是他的角色跨度。这要求该销售人员具有广博的综合技能。与之相对应的是将销售过程做适当分解，比如安排一些岗位担任销售线索搜寻者，或者通过比较罕见的市场营销方式找到丰富的销售线索。接下来委派一个角色提取有价值的销售线索，达成交易，并将其转交实施专家处理。不过很多团队把至关重要的销售过程精简得有些过头了。

市场营销、技术和运营责任

一些岗位具有双重责任，行使不同的职能。还有一些岗位与其他运营角色有交集，而且随着时间的推移胡乱拼凑在一起。将非销售角色从销售团队转移到其他职能部门有助于清理销售岗位并提高效率。

管理责任

该维度明确某一岗位所拥有的管理销售人员和其他人员的角色。受管理责任影响的传统岗位是销售经理和分公司销售经理。这些综合角色在团队内经常表现出优秀的管理水平。有时销售与管理一肩挑是迈向纯管理岗位（建议团队为这一岗位规定独特的定额并将其成本与收入流匹配起来）的第一步。现实问题是身兼销售与管理两个岗位可能导致优先顺序冲突。一个规定明确的和专职的纯管理角色，可以通过领导力和培养多重销售人员对收入增长产生更大的影响。

有关销售角色维度的大概念是一个岗位被要求做的工作越多，它的职责范围就越大，而它的效率就变得越低。为了让团队更有效率和为薪酬方案奠定坚实的基础，必须真正了解岗位定义中客户覆盖要素的重要性。一旦你决定下来你的团队需要哪些类型的销售人员，并明确了他们的优先顺序，你便可以开始薪酬方案设计了。

你需要向你的团队问与销售角色有关的五个问题

1. 我们的销售角色与每个重大收入增长源是大体匹配的还是存在重叠的？
2. 每个岗位的销售角色维度符合实际吗？是太宽了还是太窄了？
3. 我们拥有适合那些角色的销售人才吗？
4. 我们需要自行培养我们的销售人才还是从外面挖新人才？
5. 如果我们需要调整销售角色和覆盖面，我们应该让团队做出怎样的改变呢？

第 3 章

反转罗宾汉原则

区别对待顶级绩效者

会议室内，我坐在会议桌旁做着笔记，试图抓住关键问题。朱莉坐在我对面，看上去气色尚佳，但从工作的角度讲，她是一位并不开心的雇员。她知道原因，我知道原因，但她的公司——一家大型技术供应商——却不知道。她手中拨弄着一支钢笔，向我诉说在收入方面遭遇到的不公。

“我真搞不懂，”朱莉抱怨道，“在过去的四年里，每一年我都是公司里最优秀的销售代表之一，即便不属于5%的顶级绩效者，但至少在10%的优秀员工之列。虽说我的收入还可以，但没有挣到大钱。”

据她讲，同类公司销售人员的销售业绩和她不相上下，但其收入明显高出一大截。而且因为她所在公司具有的“饮水机文化”，她还知道了公司业绩不如她的同事的收入情况。“在销售收入方面，我和其他销售代表几乎每年都有很大差距，可为什么我们的生活水平没多大差别呢？我知道他们怎么做的。”她说。

在过去的几年里，朱莉说服自己不要离开这家公司，因为她喜欢她的角色和她的团队。但这种情形正变得愈发艰难，她无法忽视这家公司的文化带给她的挫折感——公司并未将高绩效者和平庸的销售代表区分开来。我受这家公司的委托调查这种状况，但这一举措可能对朱莉来说已经太迟了。我要深入了解正在发生什么，并提出解决方案。问题越来越清楚，这家公司并未付给高销售收入者或完成高定额者相应的薪酬。

朱莉与她的女经理关系不错。朱莉曾多次找她沟通，总想弄明白为什么自己的薪酬与行业同侪不在一个档次上。经理向她解释公司的薪酬哲学以及从人事部门听来的其他一些与薪酬级别有关的抽象理念，试图以此为公司的做法打圆场，不过这些说法连经理本人都觉得很牵强。与此同时，朱莉再也找不到继续留在这里的理由了。虽然她喜欢现在的岗位，喜欢她的经理和她的客户，但有一点却变得越来越清晰了。朱莉已经正式进入离职倒计时阶段。

销售运营管理层从一个不同的角度思考这种状况。他们的关注点是处在销售等级底层的销售角色。相对于他们的目标奖励，那些处在临界状态的绩效者的个人收入相当可观，而管理层的人则怀疑这些员工的薪酬过高。他们经核算后确认该公司为完成定额不足 50% 的绩效者支付了大约 1200 万美元的薪酬，这是一笔很高的销售成本，它本应该用来奖励优秀的销售代表的。是时候调整支出曲线并将最低绩效者从底部剔除了。

四周后，在销售运营管理层继续做他们的分析时，朱莉提交了辞呈。人力资源部门尽职尽责，和她做了离职面谈，问了同样令人乏味的问题，试图为最终会从同一扇旋转门离开的接替者创造更好的条件。朱莉的离开并非孤立事件。她只是近几个月里离职的若干员工中的一位。随着经济形势好转，人们得以看到他们真正的市场价值。该公司还会有大批高绩效者离开，而基数最大、才能并不出众的员工会留下来，当然他们是“忠于”公司的。这个销售团队并没有真正了解这一状况，它的行为就像劫富济贫的罗宾汉，通过夺取高绩效者的财富然后送给普通甚至低绩效者。该公司不仅无所作为，而且还在错误的方向上构建自己的销售文化。它需要“反转罗宾汉原则”。

> 薪酬只是整个销售团队价值定位的一部分，后者还包括工作内容、职业道路、公司亲和力、公司文化以及其他非货币奖励和重视。但如果没有一个公平且真正具有激励作用的薪酬方案，其他那些价值定位点也不会坚持太久。

销售薪酬的构成

有时销售薪酬看上去很复杂，但如果它被设计得较为缜密，方案的结构和目的应该是相当清晰的。最高层次的销售薪酬由三项基础内容构成。前两项为基本薪金和目标奖励，合在一起称为目标总薪酬，或者表述为一位销售人员完成定额后应该得到的现金收入。构成目标总薪酬的基本薪金和目标奖励所占比例可以用薪酬组合表示（例如，一位销售代表的薪酬组合为70/30，它代表70%的基本薪金和30%的奖励）。第三项内容是上部空间，它明确了一位高绩效者可以得到的超出目标之外的奖励。上部空间与目标奖励的比率可能随着方案设计而改变并且有可能不受限制。我们将在本章对这三项内容做详细探讨。当你搭建你的薪酬方案结构时，确认将这三项基本构成包括在内（详见图3-1）。虽然图3-1显示的是70%的基本薪金和30%的目标奖励，以及30%的上部空间，但同样的概念可以适用于任何薪酬组合。

令人感到惊讶的是，虽然公司每隔一段时间便会以一种特别的方式编制它们的方案，但公司对这些内容如何组合在一起以及一位销售代表完成他的销售定额后应该得到多少报酬缺乏清晰的认识。把每位销售代表的销售定额累加在一起便是公司的关键业务目标。下面让我们讨论一下这三项内容。

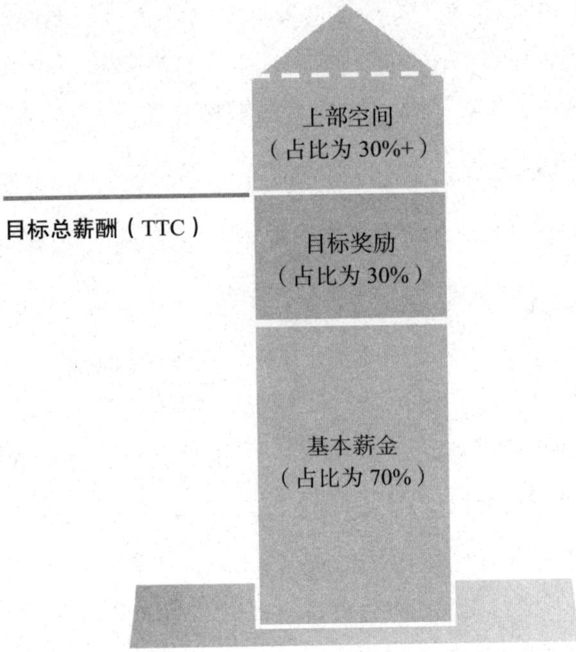

图 3-1　销售薪酬构成

基本薪金

基本薪金是从事大多数工作的人在销售环节之外得到的总收入。这部分收入的风险很小或没有风险，而且每月定期发放。但对销售团队而言，基本薪金仅仅是起点。基本薪金是为某个岗位的核心责任（例如某人是一位优秀的公司员工，在团队中表现出色）和为某种最低水平的销售绩效支付的薪酬。超出最低水平的销售绩效之后，奖励薪酬才会登场。当支付的基本薪金过高或者说基本薪金所占目标总薪酬比例过高时，你培养的是一种养尊处优的心态。当支付的基本薪金过低时，公司会出现潜在的功能失调和令人绝望的销售行为（我们讨论薪酬组合时会关注上述因素的综合影响）。

某些销售薪酬方案没有基本薪金，但代之以“预提金额”。所谓预提金额是把在本质上属于预先约定并定期支付的薪酬数额提供给销售代表作为现金流，与此同时销售代表继续致力于获得销售奖励。通常这种预提金额是一种获利能力付款安排，这其中销售代表的奖励薪酬被用于偿还预提金额直到完全偿付。在此之后，销售代表接受除预提金额之外剩余的奖励。举例说明。如果销售代表每月预提 5000 美元，他的月度奖励收入的前 5000 美元将被用来偿还这笔预提金额。从收入的第 5001 美元开始，销售代表才获得奖励收入的第一块钱。

目标奖励

介绍完“基本薪金”，下一部分是令奖励方案发挥作用的“目标奖励”。目标奖励是一位销售代表完成自己的目标或定额时预期得到的奖励金额。一项考核手段和定额（例如总销售收入）可以非常简单地构成所有的目标奖励。例如，如果一位销售代表的销售收入定额为 300 万美元，目标奖励为 4 万美元，这样当他 100% 完成那项定额时，他将 100% 获得那笔目标奖励。当他达到那项定额的 106% 时，他将在目标奖励之上获得上部空间部分的奖励。类似地，如果他只完成定额的 92% 时，他所获得的奖励金额会低于目标奖励。这些支出是由奖励方案的支出曲线和公式决定的。在大多数情况下，目标奖励并非只与一项定额或一个目标挂钩，相反要完成多项定额或目标之后才能支付。一个典型的多目标方案可以是 60% 的目标奖励匹配销售收入目标完成情况，20% 匹配毛利润目标完成情况，或许剩余的 20% 匹配一项产品组合目标（或另一项策略目标）的完成情况。

销售团队建立起目标奖励概念非常重要。它根据方案设定做某项工作应当获得的预期薪酬。如果没有设定目标奖励期待值，销售代表可能并不清楚他们可以获得的机会。更为重要的是，目标奖励的设定暗示存在一项属于交易内容的目标绩效预期（或定额）。这项定额以及团队中所有一线成员的定额最终汇总为团队目标。没有设定这项目标绩效预期，企业便会面临无法实现目标的风险。如果每一位销售代表只是致力于完成他们的个人收入和绩效期望值，那么这家公司最后的结果也存在低于总体期望值的可能性。

我们最近与一家商品交易公司合作了一次。该案例恰好可以阐述这个潜在的窘境。工作中的交易员团队就像一台运转良好的机器。买方从全世界寻购产品，眨眼间，同样坐在办公桌前的销售者便将产品卖给亚洲、欧洲、非洲、中东和南美洲的经销商。多年来，这些交易团队凭借交易过程所蕴含的活力、热情和奖励把业务做得蒸蒸日上。经过 20 多年的发展，公司逐渐成熟起来，CEO 变得更专注于推动团队在三到五年内实现具有里程碑意义的重大收入目标。公司采用扁平化管理结构，几乎每个人都是生产者，而领导层对销售薪酬的理解非常简单：销售代表享受基本水平的月度交易净收益所对应的基本薪金。一旦他的交易收入超过他的成本，根据所达到的具体绩效级别，他将获得由他创造的单位交易净收益一定百分比的奖励。只要他努力，他可以获得很丰厚的收入。而在某旅游胜地买套小别墅的梦想也能实现。每位销售代表都能决定自己的命运。没有目标，什么都是水中月、镜中花。

这一策略沿用了很多年，公司内存在若干现象级高绩效者和很多中等水平绩效者，还有一些员工似乎距离销售定额近在咫尺，但从未达到期望值。虽然业务的快速增长掩盖了这种不稳定的绩效水平和绩效管理的缺失，但很显然，让每位交易员决定自己的最优绩效水平并未为该公司再次带来业绩的巨幅增长。我们与 CEO 开展了很多次开诚布公的谈话，探讨了公司未来的增长规划，以及当前系统和企业文化中存在的风险和不确定性。他开始把奖励与公司目标匹配起来，并以定额的形式给予每位交易员与公司目标相对应的所有权。当然，定额的具体数值必须与一定程度的积极沟通平衡起来，以使这种重大变化不损害企业文化，而后者也是该团队最重要的资产之一。目标奖励和期望值的重要性不容忽视，因为它们与业务增长直接相关。

为岗位设定目标薪酬只是为制定销售薪酬方案开了一个头。对于一些与上述商品交易公司相仿的公司而言，方案的制定可以以销售成本为基础，但不考虑其他公司的薪酬水平。只要凭借它们的竞争力足以雇用和留住它们所需要的人才，它们便不必顾忌其他公司的做法。如果它们在一个特定年份内付给一位销售代表 100 万美元，CEO 可能会说："嗨，他拿到的仅仅是 7% 的利润，所以大家各得其所。"但大多数已经进入成熟与稳定发展阶段的公司将在市场中确立起它们的销售劳动力成本并按市场价支付报酬。如果一位销售代表在一个特定年份挣了 100 万美元，这会赢得很多人艳羡的目光，但机会在于它是符合设计参数的，而且目标总薪酬是设定在特定的薪酬级别之内的。

这些团队将它们的竞争市场视为一个参考点，据此确定薪酬方案中每个岗位的目标薪酬和其他要素。市场比较过程将考察与该团队最相像的公司、可以从那些公司获取的信息以及与它们自己相对应的销售角色。请牢记一点：用作参照物的公司未必是直接的市场竞争者，但可能是争夺同一个销售人才的公司。用作参照物的公司也可能是带有未来销售团队预期特征的团队，因此可以提供一个在今后若干年内获得所需要人才必须具有的视野。例如，如果一个团队正在进入新市场或引进新技术，那么将自己与传统的竞争对手对比可能是在回顾过去；将自己与当前处在那些新市场中的或利用类似新技术的公司对比，可以确保自己提前研究新的销售角色、销售团队价值定位以及支付吸引和留住合适人才所必需的薪酬。

薪酬组合

薪酬组合是指基本薪金与目标奖励在目标总薪酬中的比例。不同的销售角色需要不同的薪酬组合。例如，一名以寻找新业务为己任的杜宾犬型销售人员将执行积极的薪酬组合，他的目标奖励将在目标总薪酬中占据相当大的份额，但前提是他要完成定额。而一名柯利牧羊犬型销售人员的角色可能承担构建客户关系的责任，这种角色的薪酬组合特征是目标奖励在目标总薪酬中占据较小的比例。

薪酬组合通常是唯一具有影响力的销售人员行为驱动力和公司最重大的财务决策。它在为高绩效者的上部空间薪酬设置等级的同时，也明确公司对固定成本（基本薪金）和可变成本（奖励薪酬）的承诺。一个岗位的目标奖励占总薪酬的比例与角色定位有关，可能是相当大的比例（比如说50%），也可能是适当的比例（或许是10%）。如果薪酬方案设计得当，薪酬组合将对各种销售角色的行为产生激励作用。

薪酬组合可以构建公司与销售人员之间的关系。例如，如果一位销售代表因自身岗位所担当的角色获得了比例适当的基本薪金与目标奖励，那么销售团队便培养了一位具有团队精神的人，他所追求的不仅仅是做成一单生意而是帮助团队拓展业务。形成对照的是，如果销售代表没有基本薪金，100% 的收入都来自奖励，那么该团队在本质上与销售人员建立起来的是一种非常商业化的或代理性质的关系。他的操作通常只基于奖励方案如何考核和支付，并具有一种以交易为导向的心态。基本薪金所涵盖的活动——例如良好的员工形象和前文探讨过的最低水平的销售绩效——将不复存在。而“一切为了团队”或“为了公司好好干”之类的准则将被“你们怎样付给我报酬？”所取代。

如果公司保留了一位外部销售代理、一位制造商代表，或者一位销售渠道合作伙伴，那么它通常不采取固定薪酬的方式，而是按件、按最终结果（如销售收入或单位销售额的百分数）向外部资源支付报酬。除了根据产品的销售额获得收入之外，外部资源与公司不存在相互忠诚的关系。这也是由销售人员与公司缔结的关系类型决定的，一旦基本薪金去掉，他们也将按代理模式获得报酬。

图 3-2 阐明了三个基于定额绩效可以获得相同目标总薪酬的岗位，但他们可以以不同的比例获取这笔报酬。基本薪金和奖励的比例由包括销售角色和销售过程在内的各种因素所确定。每种类型的岗位都应该采用一种可以激励该岗位做出适当行为的薪酬组合。

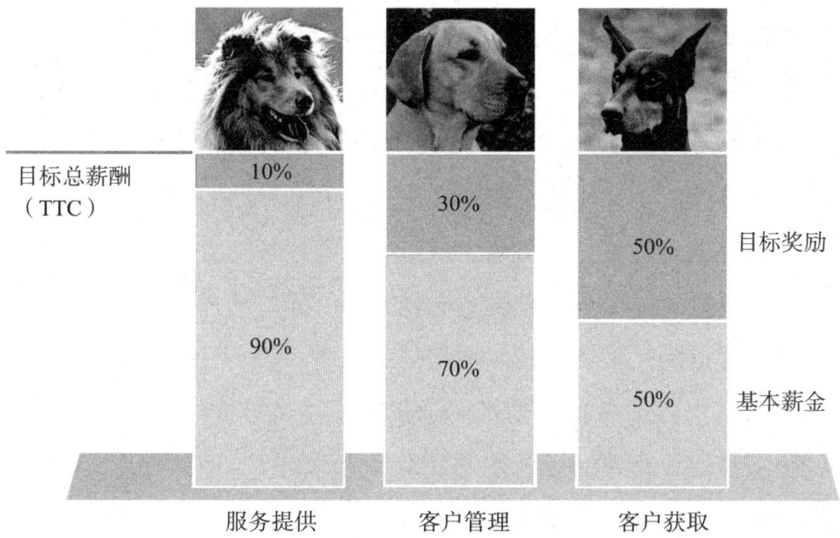

图 3-2　薪酬组合

从图 3-2 中我们可以看出，一名杜宾犬型销售人员通常专注于新客户或新收入的获取，一般采用相当积极的薪酬组合，比如说 50% 的基本薪金和 50% 的目标奖励。虽然杜宾犬型销售人员的 DNA 会很自然地鞭策销售代表，但相当比例的薪酬处在不确定状态也会对塑造该角色所需要的销售行为类型起到强化作用。如果存在一种更为复杂的销售过程，他的公司也许会降低不确定薪酬的百分比，以便让这位销售代表充分解决销售过程的复杂性、持久性以及当面对全球客户或政府客户时遇到的多重购买点问题。由于新客户的获取通常是成本最高的销售类型，所以一个积极的薪酬组合还可以将很大一部分薪酬作为可变成本而不是固定成本，这样做可以降低团队风险。然而对销售代表而言，与风险相伴的是潜在的奖励。薪酬组合为顶级绩效者提供相应的上部空间——通常与支付风险成比例。顶级绩效者的总奖励收入可能是目标奖励的 200%、300%，或者更高（稍后，我们将在本章中探讨上部空间和区别对待顶级绩效者等问题）。

一名构建客户关系并渗透到当前客户中的寻回犬型销售人员可以考虑采用适中的薪酬组合：70% 的基本薪金和 30% 的目标奖励。公司希望刺激寻回犬的绩效，但通常不会像对待杜宾犬型销售人员那样设计较高程度的风险和侵略性。为了维持平衡的客户解决方案导向和成就导向，大多数团队都是将寻回犬型销售人员的薪酬组合设定在杜宾犬型和柯利牧羊犬型销售人员的标准之间。与杜宾犬型销售人员一样，他也会基于他的不确定收入获得上部空间。虽然在某一特定的团队内，一名杜宾犬型和一名寻回犬型销售人员可能采用相同的目标总薪酬——例如 10 万美元——但杜宾犬型销售人员的目标奖励可能是 5 万美元，而寻回犬型销售人员的目标奖励可能仅有 3 万美元。考虑到风险与报酬的关系，处在这种状态的杜宾犬型销售人员可能比寻回犬型销售人员获得更高的上部空间收入。

柯利牧羊犬型销售人员更关注客户服务和收入保留，通常具有相对稳妥的薪酬组合，如 90% 的基本薪金和 10% 的目标奖励（详见图 3–2）。最低程度的风险让他有耐心经受客户挑战并强化客户关系，却不必承受做成下一笔业务的压力。与主要面对交易型销售过程的柯利牧羊犬型销售人员相比，面对更为复杂销售过程的柯利牧羊犬型销售人员适用更稳妥的薪酬组合，因为复杂的过程需要增加时间和耐心，这样才有助于创造舒适的客户体验。如果在团队提供的薪酬组合中，奖励薪酬比基本薪金高出很多，那么就有可能会令该类型的销售人员非常焦虑，后者更关心快速获得一项销售结果而不是为客户提供令人满意的服务。

与杜宾犬型、寻回犬型和柯利牧羊犬型销售人员相比，类似波音达猎犬型、服务犬型和杂交犬型销售角色可以接受各种薪酬组合，这取决于他们特定的责任。身处快速周期并担当寻找销售线索角色的波音达猎犬，比在一个较长过程中寻找重大客户线索的波音达猎犬型销售人员拥有更积极的薪酬组合。与执行特别销售定额并自行寻找客户的服务犬型销售人员相比，一名与有实力的销售人员组队共享定额并寻找客户的服务犬型销售人员拥有更稳妥的薪酬组合。一名杂交犬型销售人员——就像他的名字所代表的含义——在尝试横跨多重策略时，经常采用中等程度的薪酬组合。

对于拥有一系列销售角色的团队而言，使用一种逻辑方法正确定位薪酬组合通常是大有裨益的。对大多数销售角色而言，可以借助少量要素设计薪酬组合。这些要素都是可以划分等级的和比较的，这样每个角色都把自己的薪酬组合和与团队中其他角色的相对地位确立下来。按照表3-1的提示，你可以帮你的团队做个测验，即依据每种要素的匹配情况给一组岗位分级。以销售策略为例，一个岗位的关键指标可能集中在收入保留、新客户获取或类似的内容上。

通过为某岗位的各种要素打分，薪酬组合定位工具便可以提供目标奖励在目标总薪酬中所占比例的评价。在表3-1中，评价值30%意味着薪酬组合的大致比例是70/30。使用相同的指标和工具为一组岗位（如客户服务角色、客户管理角色和新客户获取角色）打分，将为各岗位如何定位薪酬组合提供准确的评价。以你的策略为基础，将你的结果与你在特定市场中所掌握的信息做对比，进而调整你实际的薪酬组合以便与整体市场状况相吻合。

表 3-1　　薪酬组合定位工具

薪酬组合定位工具											
策略	该角色主要关注客户收入保留				×						该角色主要关注新客户获取
团队	该角色必须与销售团队合作才能影响采购决策			×							该角色在很大程度上是通过个人因素影响采购决策
持久性	该角色遵循长期销售过程				×						该角色遵循短期销售过程
复杂性	该角色在一个复杂的采购过程中发挥作用					×					该角色在一个简单的采购过程中发挥作用
产品线广度	该角色管理范围很广的产品		×								该角色负责单一产品
顾客化	该角色开发一种顾问式或顾客化解决方案						×				该角色销售一种简单的交易型解决方案
运营	该角色将相当多的时间用在服务和运营上	×									该角色将大部分时间用在销售上
供给	该角色的市场可供之才稀少					×					该角色的市场可供之才丰富
	按类别合计	1	1	1	2	2	1	0	0	0	30
	× 单位分值	1	2	3	4	5	6	7	8	9	
	结果	1	2	3	8	10	6	0	0	0	薪酬组合的奖励侧
	将以上结果的数值求和得到右侧的目标奖励百分比										

在制定薪酬组合的时候，各公司有时会在构建过程中遭遇某种微妙的状况，而且随着时间的推移，这种状况可能演变为一种严峻的挑战：固定

薪酬组合和固定金额奖励之间的差异。在上面的例子中，薪酬组合是指目标总薪酬中基本薪金和目标奖励的分配比例。多数岗位类型都包括一群目标总薪酬千差万别的人，比如说，一个客户经理岗位的目标总薪酬有可能在 12 万美元到 16 万美元之间。如果执行固定薪酬组合方案，处在这种目标总薪酬范围内的每个人都可能有相同的薪酬组合，比如说 70/30，那么经计算得知，他们的目标总薪酬中点值是 14 万美元，其中基本薪金为 9.8 万美元，目标奖励为 4.2 万美元。在薪酬范围的高端和低端，每位销售代表的薪酬组合依然是 70/30。

如果有相同比例的不确定奖励薪酬，那么对每个人而言，不管他的目标总薪酬如何，方案的侵略性和紧要程度是大致相同的。不过为了简化，相当一部分公司都采用固定金额奖励，这意味着每个人都拥有相同金额的目标奖励。如果某一岗位的所有销售代表都有范围很窄的目标总薪酬，那么风险程度也是大致相同的。然而，如果这个团队的目标总薪酬范围很宽，局面就会由简单转化为复杂。如果（参考前述目标总薪酬中点值的例子）这个团队执行 4.2 万美元的固定金额奖励，那么在目标总薪酬的低端（12 万美元），薪酬组合的比例将变成 65/35，而在目标总薪酬的高端（16 万美元），薪酬组合的比例将变成 75/25。这些处在极端状况的薪酬组合可能创造出各种程度的驱动力。在你考虑薪酬组合选项时，务必关注你正在激励的行为并开发一种简单的行动方案来支持这些改变。

反转罗宾汉原则：上部空间

让我们审视一下销售薪酬方案中一个最激动人心的构成要素——上部空间。上部空间可以支持所期望的销售文化，也可以令其黯然失色，而且它让顶级绩效者知道是否他们真的是高收入者。上部空间属于奖励薪酬，但高于目标奖励，它是指销售团队中的一位销售人员超过了定额并达到更高水平的绩效后可以得到的收入。一位顶级绩效者通常是处在绩效水平前10% 以上的人。确定团队绩效的定义是一个重要步骤。例如，绩效可以体现在销售收入指标或利润定额的完成情况。绩效还可以是销售收入或利润的预订情况，或者相比前一年度的增长情况。在团队认定高绩效者和他们将如何获得奖励之前，有必要知道什么是高绩效并确认它与团队的策略优先顺序是相匹配的。

一般来讲，处在绩效水平第 90 百分位的上部空间报酬被设定为受一个或多个因素影响的不确定薪酬。上部空间是指一位销售代表可以继续得到的一个更高的收入点。上部空间并不表明奖励薪酬存在封顶。

正如图 3–3 所示，上部空间被定义为一定比例的目标奖励。举个例子，一项薪酬方案具有向一位处在第 90 百分位的绩效者支付 200% 目标奖励的潜力。在这种情况下，如果目标奖励是 5 万美元，且薪酬比例是 50 : 50，那么该方案向处在第 90 百分位的绩效者支付 200% 目标奖励，也就是说它具有另外 5 万美元的上部空间。在同样的模式下，一项薪酬方案也可以向一位顶级绩效者支付 300% 目标奖励。为了维持一定水平的顶级绩效薪酬，上部空间的数额通常是由吸引和留住顶级绩效者引发的市场竞争和业务盈利状况决定的。

如果没有上部空间，奖励薪酬方案对公司有利，因为它只需按定额支付即可。风险全部由销售代表承担；如果他没有完成自己的定额，他就无法获得目标总薪酬。但如果他的定额完成得非常完美，他也不会得到更多奖励。上部空间会让销售代表承担的风险与获得的奖励达到平衡，这也让销售代表意识到设置不确定薪酬而不是只拿微薄的基本薪金是值得的。

不管你信不信，一些公司为销售代表提供的高于定额之上的奖励非常低，所以销售代表即使超过了他们的目标也拿不到多少额外的奖励。这时就会出现本章开头提到的朱莉的例子，她要寻找一家为她提供上部空间薪酬的公司。

那些清楚如何利用“反转罗宾汉原则”的团队通常会将自己的薪酬设计与行业领先水平保持一致。例如一家公司的一位顶级绩效者在某一年拿到了 450 万美元的个人收入。“我们有两位员工的年收入分别达到了 200 万和 250 万美元，再往下我们还有大约 10 到 15 个人的收入超过了 100 万美元。”Salesforce.com 薪酬设计与运营总监勒基·扬（Lucky Young）如是说。这是一家专注于企业云计算的公司。“他们的收入大致是目标薪酬的 8 到 10 倍。毋庸置疑，我们有丰厚且非常积极的薪酬方案。奖励方案是一个激励因素。这是问题的根本。”

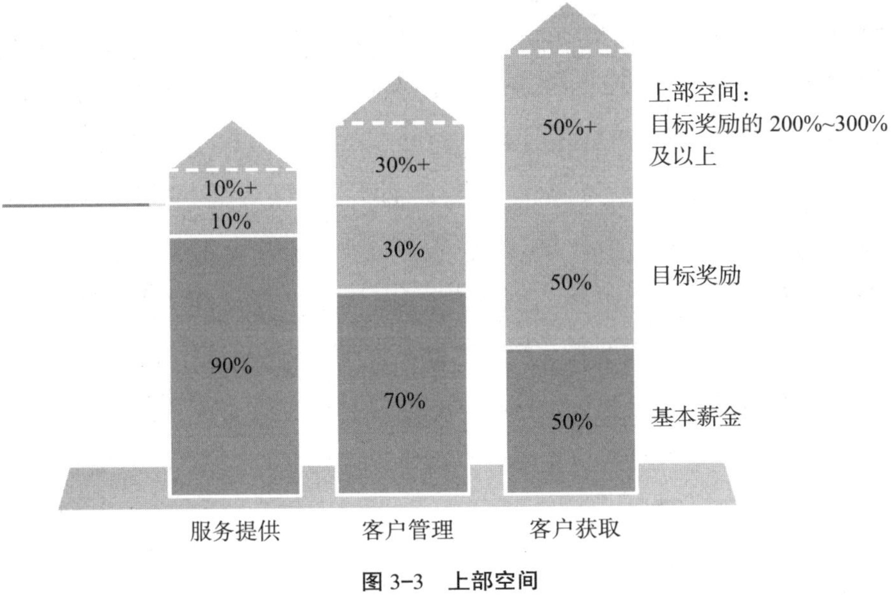

图 3-3　上部空间

决定上部空间的因素

在某个特定年份，一位顶级销售人员可能挣到多少钱？会超过他的经理吗？会超过销售总监吗？会超过 CEO 吗？问题的答案可以显示一个团队的薪酬哲学和它吸引并留住业内顶级人才的能力。当我们向高管层提出这些问题时，几乎所有人都认可一位顶级销售人员的收入可以超过销售主管。虽然高收入的销售代表每年未必是同一个人，而且这样的收入水平也不是每年都能达到，但此类事件在团队内并非闻所未闻。事实上，高管层注意到这些事件对团队是有激励作用的。至于收入超过 CEO，很多高管层成员都理性地认为，如果销售业绩优异，这不是问题，但它通常并不现实。不管怎样，“一切皆有可能”的上部空间正在激励销售代表将自己的能力发挥到极致。

Autodesk 是一家 3D 设计、工程和娱乐软件全球供应商。吉姆・塞兹（Jim Sides）是这家公司的全球销售运营副总裁。他说公司 CEO 希望知道销售薪酬方案是否正在奖励他们的顶级绩效者。“这是他每年都会提出来的问题。他希望确认我们在设计这项方案时，真的在奖励那些将可能性变成现实的人。”塞兹说。Autodesk 会奖励高绩效者，即使一位销售代表的年收入超过了销售总监也不会表现得犹豫不定。“在我们的谈话中甚至都不会把它当作一个话题提出来，我认为这是一件好事。那位同仁把业务做这么大是件大好事。很显然，顶级绩效者也会满意自己的收入。整个销售团队都会看到我们正在奖励顶级绩效者。但那位销售代表的收入必须建立在实打实的客户交易数据上。我们的理念是你越贴近客户和越着力推动你的业务，我们越愿意大大地奖励你。这是皆大欢喜的事情。”塞兹说。

“反转罗宾汉原则”表明，一个团队不要过度付给低绩效者报酬，但一定要重奖高绩效者。团队不会付给低于阈值的低绩效者额外的报酬，而是用那些资金奖励高绩效者。对大多数团队来说，这都算一个重大挑战。这个原则为给销售文化带来根本性影响的团队理念做出了诠释。如果这家公司按照优才制度运营，即强调管理责任并推崇绩效，那么“反转罗宾汉原则”便会提供实现承诺的机会。如果团队运营时坚持集体主义的平衡奖励理念，那么“反转罗宾汉原则”有可能让企业文化遭受重创。如果团队喜欢这种集体主义文化，上述原则可不是什么好事。然而，按照收入路线图中的上游决策，如果团队的策略是在一个侧重销售的方向上激励销售角色和人才，那么“反转罗宾汉原则”也许正是团队所需要的。

现在让我们回到本章开头对朱莉的讨论中，在和她的雇主合作的过程中，我们考察了公司的支出曲线，而且并不奇怪地发现，这条曲线相当平缓。我们又查看了销售代表的定额完成情况，从 0 一直到定额的 200%，我们发现这是一条直线。CEO 说：“且慢。你的意思是业绩垫底的人实际上可以挣到很大一笔钱吗？这确实是一个很重要的问题。”于是他开始实施“反转罗宾汉原则”。

在写这本书的时候，我们曾经发誓，我们应当最大程度地减少计算过程，并着重于介绍对团队有重大影响的核心理念。不过在此我们还是绞尽脑汁分享一个对高管层有所帮助且非常有效的计算过程。如果一家公司希望看到它在上部空间的支付情况，那么它可以将奖励支出与薪酬方案中的主要绩效指标的不同层级绩效所对应的目标奖励部分进行比较，进而评估实际的上部空间收入。例如在图 3-4 中，横坐标是定额完成百分位，表示每位销售代表与其他所有销售代表的相对绩效情况，范围为第 1 百分位（最低绩效者）至第 100 百分位（最高绩效者）。在这种情况下，第 40 百分位绩效者是 100% 完成定额的人。这表明该团队有大约 60% 的销售代表的绩效水平高于定额或与之相当（我们将在第 6 章讨论与定额有关的绩效分布）。图 3–4 中的纵坐标测量实付奖励与每位销售代表目标奖励之比。如果目标奖励是 3 万美元，实际奖励是 3 万美元，那么实付奖励与目标奖励之比等于 1，即纵坐标轴上标注的 100%。图 3–4 中间的十字表示销售代表在大约第 40 绩效百分位挣到 100% 目标奖励。正如我们前面已经提到的，销售代表在第 90 百分位应该得到一定倍数（如 200%）的目标薪酬。类似地，根据薪酬方案，团队也应该支付给低绩效者（那些靠近第 10 百分位的人）较之普通绩效者明显更低倍数的目标奖励。

为了确保团队公平支付上部空间奖励，请检查两点。第一，请查看优秀的绩效水平，即图 3–4 右侧横坐标第 90 百分位对应的十字处。确保该公司有充足的上部空间支持顶级绩效者。在这个例子中，上部空间触及了目标奖励的 275% 或 300%。这个上部空间已经相当可观了。因此，如果所有销售代表的目标奖励是 3 万美元，那么在上述范围内的某个数据点可能代表一位实际奖励达 9 万美元的高绩效销售代表，与 3 万美元的目标奖励相比，相当于后者的 300%。

第二，查看底部第 10 和第 20 百分位对应的阈值区域，也就是图 3–4 左侧十字标注处。在这个例子中，与他们的绩效相比，他们依然得到相当可观的收入，这意味着该公司为最低绩效者支付的薪酬还是很高的。事实上，有一些人得到的报酬接近甚至高于目标奖励，而他们的绩效水平仅处在第 5 或第 10 百分位。在这个例子中，如果第 10 百分位代表了方案开始支付奖励的切入点（比如说定额的 60%），它所支付的几乎就是最低水平的奖励，例如目标奖励的 1% 到 5%。当然，实际金额取决于支出曲线的设计。

为了支持销售导向型文化，至关重要的一点是确保该方案将高绩效与普通绩效和低绩效充分区别开来。

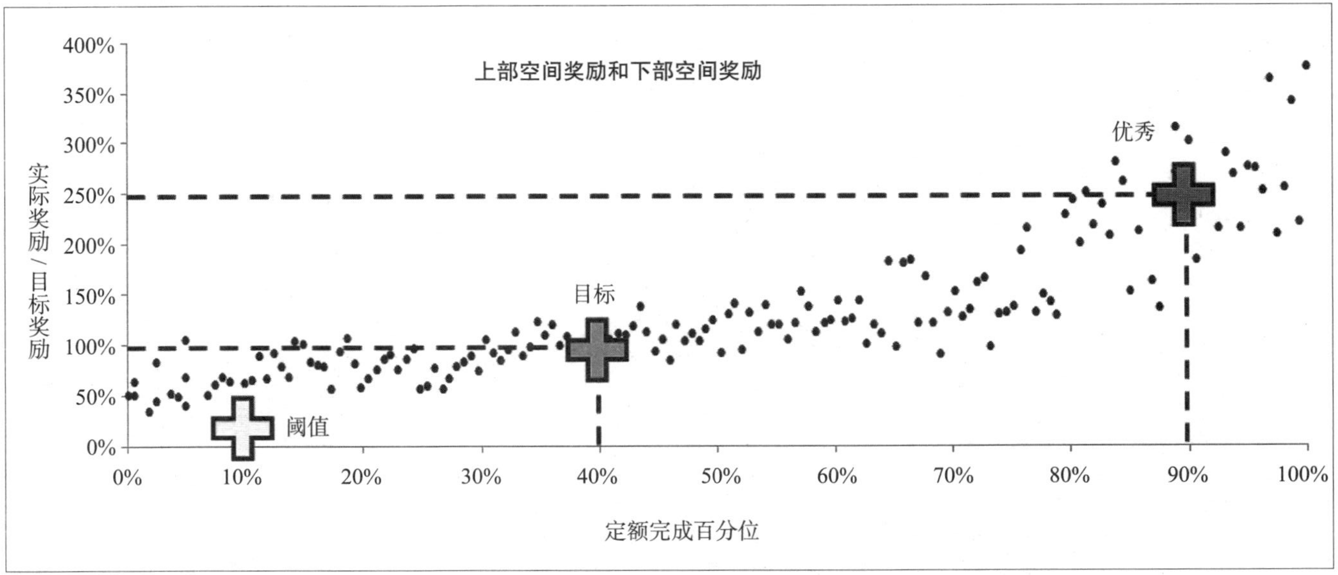

图 3-4　上部空间奖励和下部空间奖励

阈值

阈值是指薪酬方案开始支付奖励的绩效水平。举例说明。如果一位销售代表的定额是每年完成 500 万美元的销售收入，他可能有一个 200 万美元的阈值，或者说 40% 的定额。如果他的销售收入不到 200 万美元，他只能拿到基本薪金，但没有任何奖励薪酬。一旦超过这个阈值，奖励数额会逐渐提高到目标奖励（在 500 万美元定额时）并进入上部空间。

在一些团队看来，为销售代表设置阈值的做法未免有些刻薄。但为什么要使用阈值呢？其中一个理由是公司已经为核心职责和最低绩效支付了基本薪金，所以在此之上支付奖励应该算双份报酬了。另一个理由是通过设置阈值，公司便规定了清晰的最低绩效期望值。通过计算，公司所表露出来的信息是低于定额特定百分比（或特定数额）的绩效是不可接受的。在短期内，销售代表拿不到任何奖励。在中期内，如果这种绩效水平保持不变，这位销售代表可能就要换一家公司了。使用阈值的第三点理由是为上部空间奖励提供资金。是的，“反转罗宾汉原则”在此发挥作用了，这是因为公司截留了如果阈值不存在时应该支付出去的奖励，并将其用作顶级绩效者的奖励。

阈值不适合所有人

阈值适合什么类型的岗位呢？这个答案在很大程度上取决于岗位的销售策略和销售类型。我们通过考察几个要素来决定是否我们会使用阈值（详见图 3-5）。

第一个要素我们可以叫它“公交车协议”（bus protocol），不过此处这个词汇与半导体行业的总线协议（bus protocol）没有任何关系。公交车协议会提出以下问题：“如果在一年之初，这位销售代表被一辆公交车撞了，暂时上不了班，他的年度销售定额该如何处理呢？”

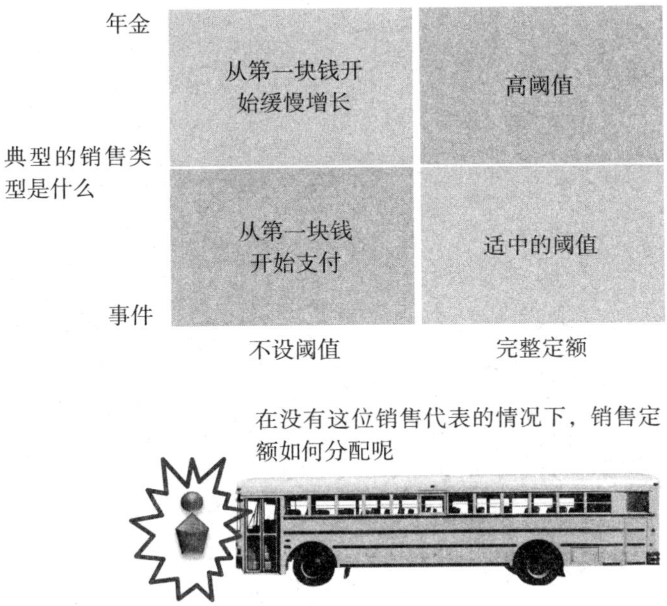

图 3-5　公交车协议

第二个要素是销售类型。图 3-5 中的量表的一端是事件驱动型销售。此类销售行为都是涉及销售一个大项目、一项重大采购中的一台设备，或者企业软件安装这样的事件。事件驱动型销售不会每个月重复出现，而且如果没有销售团队付出巨大努力也不会发生。在量表的另一端是年金驱动型销售。此类销售具有高度的再现性。它们是可以预见性使用、甚至是基于一项协议或合同使用的服务或消耗品。

将两个因素放在一起讨论。如果某一岗位拥有很大基数的当前客户，存在很大的重复收入流，而且这位销售代表不参与也会流入（图 3-5 右上角图块），那么该薪酬方案可以设置一个高阈值。与此相对的是，如果销售代表专注于新客户销售，或者与其合作的当前客户几乎没有常续性营收或做出基于事件的重大采购决定（图 3–5 左下角图块），那么在没有销售代表的情况下，任何新业务都不会发生。所以每一笔新业务都清晰体现了销售代表的影响力，为了奖励这种销售行为，薪酬方案可以设置极低的阈值或者不设阈值。

这是一个很强大的工具，它可以在一些简单逻辑和跨行业实践的协助下确定阈值的参数。实际的阈值水平——以定额的百分比表示——通常是通过数学计算或经验设定的。在使用数学方法的时候，团队应当分析第 10 百分位的历史定额完成情况，并将其作为一个合理阈值的估计值。经验方法会回答下面这个问题："低于哪个点就不能支付奖励了？" 大多数高管对于这个问题都能即刻给出答案，而其中的大多数人，如果单独提问的话，都会回答 10% 以内。有时将计算方法和经验方法结合起来寻找阈值还是很有效的。一旦阈值点确定下来，注意每年都要做出调整——因为绩效分布情况会发生变化。除非市场、销售特征或者岗位角色发生重大改变，否则只需预见到可变性并随着时间的推移稳定调整即可。过于频繁地改变阈值水平或任何其他方案要素都会给销售团队的信息沟通带来混乱。

是否设限

你想挑起一场奖励薪酬的论战吗？思考薪酬方案是否应该设限的问题肯定会把大家的注意力从其他琐碎话题中拉回来。这里所谓的限制是指奖励收入的上限。虽然限制条件的利用会缓解公司所承受的风险，但通常也会创造出一种可以感知到的限制状态。尽管我们并不建议使用限制条件，但基于某些法律方面的原因，一家公司还是可以利用它们的，包括避免各种意外支出，例如超出销售代表控制的重大交易或财富转移、糟糕的定额设定、不可靠的财务模型，或者生产力受到束缚的环境（需求超过供给，或者公司维持一定质量水平的能力）。

富士通是一家著名的日本信息与通信技术公司。保罗·费根（Paul Fagan）是这家公司的销售副总裁。他知道设限能起到一定的作用。几年前，一个大客户小组有一年的销售情况超出每个人（包括他们自己）的预料。小组的客户发展极为迅猛，以至于该客户对富士通解决方案的需求呈爆炸式增长，这个团队在年末完成了团队目标的180%。“所以，问题就来了，”费根解释道，“我们每年都有销售代表在个人层面完成销售定额的200%或250%的情况，这也成为他们辉煌的一年。但那一年，这种情况发生在整个团队身上。这是无法预测的，但他们每个人都受益了。而且我们从未为薪酬方案增加上限，因为我们不喜欢增加上限。薪酬方案在某种情况下确实会变成线性的并且趋向平稳——并不存在加速器——但确实有一些销售人员在某年完成了400%的定额。”

不使用上限会创造一种感觉，有时也是一种现实，即无限制增加收入的机会。不给薪酬方案增加上限需要完整的历史数据和财务模型。一个无限制的方案也必须与该团队的销售文化保持一致，尤其要注意的是，在某些情形下销售代表的薪酬可能超过他们的经理和资深销售总监。

就像销售薪酬的很多切面一样，上限很少针对计算过程，更多的是影响人员、行为和心理。单单上限的存在便能在销售代表中营造出较之现实不成比例的关注。我们经常与销售团队交流，征求销售代表对薪酬方案设限的意见。我们会听到类似的回答，“说到薪酬方案，有一件事我就不喜欢，这就是它有上限。”我们接下来便问是否他们真正触发过薪酬上限。“我们……没有，但两年前有个哥们达到条件了，按照他那一年的业务量，如果没有上限，他就赚大发了。”

对于这家公司而言，相对于使用上限给销售团队带来的潜在负面影响，它的好处就不值一提了。其实在薪酬设计过程中存在若干可以替代上限的选项，它们一方面让你憧憬无限挣钱的机会并积极地和带有灵感地沟通信息，另一方面依然可以限制风险。这些替代选项包括以下几项。

- 建立高效模型，准确掌握在一系列绩效场景下会发生的情况。具体内容可以包括绩效的正态分布和随机分布以及大多数销售代表超出预期的情况。通过分析一系列可能性，团队可以对薪酬方案进行压力测试并了解各种情况下可能发生的销售成本。
- 拥有对高出目标奖励特定百分比（比如说300%）的奖励支付实施管理评估的政策方法。团队以此确保销售代表是销售活动的重要推动者，而不是因某项自由信贷政策搭上“顺风车”以及从实际上由他的同事完成的销售中获得“接触收入”。
- 控制回归速率，逐渐减少高于特定水平的每一定额完成百分位的边际奖励支付。该方法一方面可以影响支出曲线斜率的降低，另一方面继续为更高水平的销售业绩支付额外的增量薪酬。

你需要向你的团队问与薪酬组合和上部空间有关的五个问题

1. 每个岗位的薪酬组合支持我们想要的行为类型吗？
2. 我们团队的绩效构成要素是什么？
3. 收入最高的销售代表是我们当前最高水平的绩效者吗？或者他们是通过其他途径变成高收入者的吗？
4. 薪酬方案为低于定额的绩效过度支付薪酬了吗？
5. 我们针对上部和下部空间的薪酬支付方法匹配我们当前的文化或我们希望发展的文化吗？

WHAT YOUR CEO NEEDS TO KNOW ABOUT SALES COMPENSATION

Connecting the Corner Office to the Front Line

第 4 章

绩效指标

三思而后行

乘车途中，我正跟着一家塑料厂的销售代表走访客户。该公司专业生产各种塑料盖子。你不用太担心听不懂他们说的行话，只需想一想那些调味瓶的小盖子即可——通常是红色的，上面有若干小孔，可以撒出适量的调味品牛至（oregano）来。理查德是我今天的顶头上司，负责纽约都会区的业务，我们今天的客户拜访路线便是从新泽西到曼哈顿再到布鲁克林。由于是按照地理区域划分的，所以我们可以接触到各种规模和类型的客户而不是特殊级别或细分市场的客户。

我们的第一站是位于新泽西的一家世界级化学品公司。我们沿机动车道一直行驶到整洁的公司园区，走进优雅的办公楼大堂，然后被领到一间传统的公司会议室就座。在这里我们见到了负责园艺产品市场营销的负责人。他立刻说起他的公司并不是想把这种塑料盖用在调料瓶上，而是用在本公司生产的半加仑塑料材质化肥容器上，有了这种特制的盖子，客户便能根据建议数量把化肥均匀撒在玫瑰和其他植物上。

理查德听取了这位市场营销高管的想法，开始介绍他的公司如何定制生产这种盖子以满足化肥颗粒度的需要以及如何优化生产流程。他还谈到，这种特制的盖子会让该产品比同等价位的其他产品更具竞争力。理查德解释道，与本公司目前生产的普通盖子相比，尽管这种盖子的单位成本可能更高，但只需将销量或定价稍微提高一点（顾客肯定还是愿意购买的），便足以抵销成本。我看到理查德和这位高管就“解决方案”及其特点和预期效益聊得热火朝天。他们似乎忘记了他们谈论的只不过是一个塑料盖子。

接下来理查德将话题延伸至自己的一个想法，即这种盖子可以用来打造一个完整的特色园艺产品线。就这样，最初针对单个产品的对话自然而然地过渡到一个产品组合方案上。

这种解决方案对话之所以能够坚持下来是基于这样一个事实：理查德公司的产品和价值定位贴合买方的需要，而且他也很有经验，清楚买方的特殊要求，并将其与自己的解决方案合理对接。激励理查德开展此类销售活动的动力是他热衷于配合客户工作，而且如果他销售的是一个完整的产品线而不是单一品种的产品，公司的奖励方案会付给他更多的薪酬。

我们行程的下一站是坐落在布鲁克林威廉斯堡街区的一家调料厂。这是一家没有办公区的商家。我们把车停在马路边，在街区里绕来绕去，最后在威廉斯堡桥附近才找到它家的厂房和仓库。接待我们的客户也是这家公司的所有者之一，他有些不修边幅，上身穿一件蓝T恤，坐在一间非常凌乱的办公室里，周围堆满了原材料。我不禁注意到在他左后方的货架上搁着一把带皮套的左轮手枪，如果有图谋不轨的人闯进来，他会迅速抄起枪并给予警告。如果说这把手枪缺乏威慑力的话，还有一位很壮的男人贴墙站着，密切注意周围的情况。

一番握手、寒暄之后，理查德开始推销自己的解决方案。他用了大约5分钟时间谈到了这家调料公司的采购标准和决策过程。看到这番话对客户有所触动，他接下来开始交流调料瓶盖的潜在投资回报率。客户坐在那里，显得有些心不在焉，不停地扫视四周。我希望他不是在找那把手枪。理查德一口气把想说的话说完，停下来等待对方的反应。

这位客户只是简单询问了产品的生产能力和价格。很显然，理查德前面的介绍没有起到什么作用。也许理查德并未受我们周围环境改变的影响，或者可能公司的奖励方案比他的经验和判断更强大，但他当天没有拿到订单。也许下次来时能够拿到，但不是今天。如果他能停下来倾听客户意见的话，他应该很清楚，对这家客户的走访完全是错误的考核手段在驱动错误的行为。

在销售薪酬方案中，绩效考核是业务方向的转换器：它们对执行销售策略的行动产生激励作用。绩效考核机制传递出考核手段与销售团队成员薪酬之间的联系；而为了完成他们所承担的公司目标，他们会通过定额了解需要销售的产品或服务的数量。如果公司的优先顺序是收入增长、利润率，或者某些策略，那么这些因素通常就是在销售团队的考核手段中有所反映的内容。然而，绩效考核的使用是很有讲究的，制定者应尽可能地减少考核手段的使用，与此同时还要得到所希望得到的结果。

由于业务和解决方案已经变得越来越复杂，薪酬方案日渐臃肿的风险也在加大。虽然早期的销售薪酬方案主要考核收入或销售量，但如今的方案可能不仅考核收入、销售量或利润，还会考核收入类型、客户类型、产品和服务组合、保障性基本销售收入的增长、现有客户的维护、新客户的开发、销售预收入及销售回款等诸多因素。各种因素混合在一起会令销售代表思维混乱，失去方向感。

为了让考核的信息更加清晰、简洁，一个有效的销售薪酬方案通常只设计出三种或更少的考核指标，而且在目标奖励中，每一种考核指标的权重不低于15%。通过将考核指标集中，销售团队可以增加对担任特定销售角色人员的重视程度。

很多高管都试图把奖励方案转变成一套遥控装置，将薪酬与销售人员各种可能的行为关联起来。但设计一项附带太多考核指标的薪酬方案有可能演化成一台奖金自助餐，为销售代表提供太多选择的机会反而会分散他的专注力。如果他不喜欢烤牛肉，他有可能喜欢绿色杰利奥（Jell-O）果冻并想出借助绿色杰利奥果冻谋生的方法。

毕马威（KPMG）是一家全球性审计、税务和咨询服务公司，而默文·迈尔斯（Mervyn Myers）是这家公司的全球销售培训负责人。他描述了高管层对薪酬方案化繁为简的做法。“英国市场的负责人提出了方案最初的思路，”迈尔斯指出，“他刻意保持方案的简洁，就是以收入百分比为基础。所以，如果你拿下500万英镑的销售定额，那么基于这个额度，你便会按一定百分比获得薪酬。他之所以这样做是因为他知道，方案越复杂，与毕马威的理念就越难保持一致。毕竟，我们的宗旨就是‘化繁为简’。”

有时，一个团队对绩效考核的需要与它对一线销售经理能力的信任呈负相关。奖励方案的作用是推动对公司至关重要的考核手段的实施。销售经理所扮演的角色之一是确定他们如何获得那些结果，以及训练并培养销售代表实现绩效的能力。不要削弱销售管理层对薪酬方案的影响力，应在业务运营层面上信任并支持销售经理。

威瑞森（Verizon Enterprise Solutions）是一家全球宽带、IT和通信服务提供商，其全球销售总裁迈克·兰曼（Mike Lanman）的观点是：

如果我们试图顾及所有部门的需要，那么我们的薪酬方案可能设计多达15项考核指标才能推动每一项关键业务的开展。作为一名销售主管，我在薪酬方案中肩负着追求简洁的责任；而作为一位企业所有者，我充分理解为什么所有这些元素都是整个方案的有机组成部分。但不管怎样，一个薪酬方案无法做到包容一切。你还要管理人。薪酬方案绝对重要，是团队运营的基础，但不应该与你管理属下的方式发生冲突。它应该起补充作用，是期望行为的加速器。所以我们努力让我们的薪酬方案简单化。我们只设计了三个要素，而且为了论证这个方案，我们还设计了销售代表和销售经理报告卡。另外，当我向我的老板汇报工作时，我也会提交一份同样的报告卡给他。这份报告卡是你管理销售团队的工具，它以周为单位，持续关注薪酬方案之外的战略目标。

因此，从纯机械的观点看，在执行我们的薪酬方案的过程中，一位销售代表只需向客户的研究部门销售高带宽连接件便可以挣到钱，因为这样做他就可以完成销售计划。但当一周或一个月的工作结束后，他与他的经理坐下来评估他的策略执行情况时，这时他才看到与他应该卖给客户的不同解决方案相对应的竟然有10项指标；还有应该成为销售计划一部分的转型服务、客户对我们的评价以及我们针对这个客户的整个销售过程的考核手段。实际上，他目前的做法不会马上对他的薪酬产生负面影响，但如果报告卡评估环节的绩效继续走弱，他年中的评估分数就不会太高，而且如果不改进，即使能完成计划，他在半年之内也是肯定要离开的。因为这份报告卡清楚地显示我们真实的客户服务水平以及我们如何有效地保住利润。作为一个销售主管，这些报告卡的指标就是需要关注的绩效环节。

所以对我们而言，我们可不会把薪酬方案搞那么复杂，以至于人们连如何挣钱的问题都解决不了，而是借助一个工具论证薪酬方案。该工具会安排定期对话，这样主管便可以与我们的销售代表在每周和每月的对话中讨论更为广泛的绩效考核手段。很显然，对话的结果集中在均衡完成报告卡指标所要求的行为以及满足公司需要提供的更广泛的业务驱动力上。

我对这种管理方式确实感到很兴奋，因为在建立起这种新型薪酬结构以及实施报告卡制度之前，几乎很少有销售经理与他们的销售代表开展这种层面的对话。我们不会坐下来直白地和他们说："你们完成了自己的目标，这一点非常好，但你们仅仅卖出了利润低的产品，而且你们没有真正解决客户的问题。"目前，我们采用的是通过培训、训练以及建立在报告卡解读基础之上的战略对话来妥善处理那种行为。这类对话比在薪酬方案中增加过多的考核手段更为重要，也更加有效。所以只要薪酬设计从根本上支持报告卡指标，而且你的团队也建立起了报告卡制度，你就会收到很好的结果。

虽然公司可以借助七项考核指标评估一个岗位的绩效，但在这些指标中只有少数几项可以用于奖励方案。由于方案中的考核指标极少，所以每项指标都有可能对应一笔很大数额的目标奖励，并对销售代表的行为产生极大的影响。这通常意味着高管层提出自己的意见是很正常的事情。"我认为你需要确认的是，作为这方面的专家，当你开始设计考核指标时，你只需准备一两个你认为最好的解决方案供高管层选择即可，"Salesforce.com 的勒基・扬说，"很显然，你希望在每次设计专题会上都实现你的目标，但如果会议上有什么遗留问题的话，你一定要确认你非常清楚需要采取什么步骤才能让它们获得通过，并提供做决策所需要的信息。要十分清楚怎样才能让领导在下次会议上直接做出批准的决定。决不能靠猜测，因为那样做会导致各种额外的工作、各种不同的迭代，而且总会拖延方案的设计或过度消磨人们的热情，到头来让人们觉得那是一次糟糕的经历。"

立体化的绩效考核

虽然针对盈收目标进行的绩效考核可能被认为是单一维度的，但这些考核实际上都具有三个维度：考核的内容、考核的层级以及考核的频率（如图 4-1 所示）。立体化的绩效考核就像旋转一个魔方，通过改变这些元素的组合可以显著改变销售人员的销售行为。

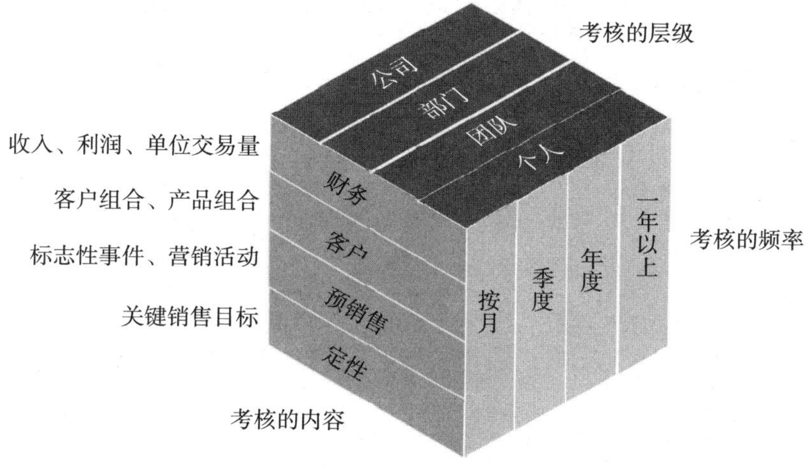

图 4-1 绩效考核魔方

考核的内容

从财务、客户、预销售和定性这四个层面予以考核，大多可以得出该业务的评价。我们在设计薪酬方案时，可以使用多层面组合的考核指标。

财务

通过财务指标考核可以获得最终的业务结果，这些结果通常在公司的财务报表中以单列项目的形式出现。财务指标考核主要包括业务收入、利润及其衍生品。如果单位交易量因价格或汇率波动更能真实反映绩效，那么它也可以被用作财务指标考核内容。有时公司在早期业务发展阶段便会使用这种考核手段，在这个阶段，要么公司的目标是获得更大的市场份额，要么投资人把交易额作为主要指标。

例如，在早期无线电话阶段，一家电话公司的主要考核指标是公司在某个季度签约的新增无线电话激活数量。在目前的无线电话市场上，电话已与业务增长脱钩，而激活这个指标已经被通过电话或其他无线服务获得收入指标所取代。

客户

进行客户考核是以公司如何更好发展业务为前提的，公司应首先明确销售人员需要开发的客户群类型，是大客户还是中等规模的客户。比如可以规定，在公司销售的产品或服务组合中，新产品相对于核心产品需要存在一定数量的增长。为了做到客户考核行之有效，无论制定什么客户考核手段都必须清楚与完成财务上的指标挂钩。例如，公司希望一位负责销售特定产品组合的销售代表要实现一定数额的毛利润。

预销售

预销售考核是对销售人员通过对那些标志性事件或活动持续跟进最终将有可能达成交易的考核。在进行这一考核时，重要的一点是所谓标志性事件是客户已确认且毫无争议的。例如在半导体行业，就可以使用一个基于客户签订设计采纳协议与销售收入挂钩的销售薪酬方案。这里所说的标志性事件，就是客户签署了采购公司芯片合同的事件，即使公司在一段时间内没有收入产生，设计采纳协议依然有效。具体来说，销售团队与计算机制造商签署了在其下一代笔记本电脑中安装半导体芯片的协议，但这项协议直到实际生产时才会产生利润，所以销售团队需要设计一种薪酬激励机制，并对销售人员就此类销售事件进行考核。

Semicoa Corporation 是一家军事、航天、汽车、工业与医疗产业半导体设备和其他应用技术的供应商，该公司总裁雷梅什·拉姆钱达尼（Ramesh Ramchandani）便是根据设计采纳付给销售代表薪酬的。

> 我们希望使用与预销售额有关的考核。销售代表如何才能让产品进入更多的应用领域并获得更多的设计采纳呢？设计采纳就要与销售代表的收入挂钩。一旦那些设计采纳确定下来，何时兑现便成为关键问题。一位销售代表可能抓住了一个商机，但公司三年内不会有销售收入进账。站在公司的角度，我们希望销售代表无论付出多大努力都要拿下设计采纳；但与此同时，如果三年的时间并没有给公司带来收入，那说明这个设计采纳并未真正帮助我们推动企业目标的实现。

为新车生产配套的汽车零部件行业的销售往往也会使用预销售额的考核。例如，在参与一种产品的原型机设计阶段，这台原型机的销售标志性事件就是汽车制造商有可能承诺采购，尽管在这项销售周期较长的业务中，合同签署并实现销售可能是一年之后的事情。

定性

在不便使用定量考核的情况下，通常会采用定性考核。最常见的定性考核是关键销售目标的达成考核，但该考核是否完成则靠销售经理或高管的判断来决定。由于所定目标通常是描述性内容多于分析性内容，所以在进行定性考核时，往往因薪酬方案的弹性而承担相应的风险。为了让定性考核更加清晰，绩效指标可设定为明确的数字，或者弹性目标数字化，如新签合同额超过 10 万美元，这样更趋于客观。如果没有这样的考核手段，那大多数销售经理都倾向于对销售代表施以恩惠并给予超出实际绩效的奖励薪酬。如果对销售代表进行的定性考核的结果要么全奖要么不奖的话，那销售经理通常会支付全额薪酬而非拒绝支付薪酬。相比之下，如果定性考核设定从 0、25%、50%、75% 到 100% 几个层级，销售经理所做的决策更接近于真实的绩效。

对一般的管理人员或高级管理人员的薪酬方案考核通常是战略性的、缺少刚性数字的，而且可能是周期性改变的，所以更适合进行定性考核层面。在定性考核实施之前，应最大程度挖掘财务、客户和预销售三方面考核的潜力。

考核的层级

为了基于某种考核指标支付绩效薪酬，团队必须确定考核的层级。如果它想要考核某位销售代表的销售总额，就要明确考核的是个人、团队、部门还是公司甚至更高层的销售总额。有关考核层级的决策应当受到销售预期及影响因素的驱动。如果以增加销售代表的销售额为目的，那么公司将会制定每位销售代表所负责区域或客户的考核指标。如果由几位销售代表组成的销售团队开展跨区域协同，可以明显增加销售收入的话，那么针对该团队甚至部门的考核将能够充分展现该团队负责的销售收入的情况。在公司的层面，如果每个部门的协同努力成为关键因素，那么一个部门的销售副总裁应该受到部门甚至整个公司对其进行的绩效考核。

要想了解某考核指标对销售人员的影响程度及实际效果，设计最低层级的考核指标至关重要。尽管站在销售团队的立场，对销售代表的考核应从本部门或全公司的利益出发，但只根据部门或公司层面的绩效支付销售代表的薪酬，这一考核手段将不可控，还会因该考核对销售代表产生不了足够的影响而弱化了薪酬方案的激励作用。如果出于某些文化方面的考虑，销售团队为了推动业务的全面发展，依然希望基于部门层面的绩效来考核每一位销售代表，但由于考核的主要影响范围还是在个人层面，那么团队可同时使用两种考核指标，要么作为独立指标，要么作为联合指标，但对个人层面的考核应占较大权重。

至于对销售团队的考核，上述原则同样适用。应针对完成销售任务的最小团队进行考核。如果团队太大，那么单个销售代表对团队绩效做出的贡献就无法评判，绩效较低的成员在这种机制下便会滥竽充数，会从团队每天的努力中占到便宜。如果团队较小，销售代表之间是一种相互依赖的状况，这时每个成员都要承担明确的责任和压力。

设定适当的团队规模也可以激励成员跨越各自的业务范围并相互帮助，尤其是当团队考核不仅仅考察总目标的实现，也考察完成目标的销售代表的比例时，团队规模设置是否恰当可能更为明显。如果未能达到绩效阈值的销售代表会拉低团队的奖励额度，那么高绩效者会出手帮助接近阈值的绩效者。

与我们合作的一家医药公司就做得不错，为了协调管理拥有高度独立绩效者的大型销售团队，它在销售代表层级采用了团队绩效均衡考核指标。由于团队中的每位销售代表都完成了 90% 的销售定额，所以销售代表都会得到增量奖励。一旦哪位销售代表超过自己定额的 90%，他通常会帮助团队中的其他成员，以便增加每个人的收入。

考核的频率

在一个特定的时间段内或者在一定的频率下，所有考核指标都是可以被跟踪的和可以得到兑现的。一个团队考核每位销售代表在个人业务层面上的收入绩效，考核周期可以是一个月、一个季度、半年或者一年。确定考核频率的总原则是：一方面配合销售的节奏，一方面尽可能针对销售事件予以奖励。快速交易型销售过程的特点是，一位销售代表以一周或两周的节奏完成交易，所以该过程的考核周期也很短。与此形成对照的是，一个又长又复杂的销售过程可能需要一年的时间，奖励薪酬就按年支付。在极端情况下，一些较长的（超过一年）销售过程通常设定一年或半年的考核周期，并与财务指标和预销售指标配合使用，以便跟进交易中的标志性销售事件。

就较长销售周期来说，考核与奖励兑现过于频繁，销售代表会为了尽早完成销售指标而采取不合乎规范的销售手段，从而增加交易失败的风险。对一个较短或适中的销售周期而言，考核与奖励兑现频率太低，也会弱化销售指标和奖励之间的联系。如果某销售代表每个月都能完成设定的销售指标却按年度予以奖励，那么该销售代表对奖励的记忆有可能模糊不清。我们的一位生产型企业客户，就曾跟我们认真探讨过类似问题。该公司一位销售代表的想法非常具有代表性："距离我们公司本财年结束还有一个月的时间，我有可能拿 5 万美元的奖金，也可能只有 1.5 万美元。但奖金怎么给的我不清楚。"虽然这家公司没少发奖金，但销售代表看不到公司在销售策略和薪酬激励上有什么联系。

绩效考核魔方是结合三个维度的立体化考核，如果你有自己的偏好，想必你可能会选择图 4-1 中突前显示的选项，即与结果直接挂钩的财务指标 + 个人层级或最低层级 + 按月或者与销售最匹配考核频率。在你考虑考核手段时，充分利用绩效考核魔方并结合适当的考核手段，以适应每一个销售角色。

下面，我们深入分析一下绩效考核魔方每个维度的考核选项。我们不仅明确地给出了每个绩效考核指标的概念，描述了其在销售团队内会起到什么作用，并指出该考核指标的可能具有的优势和劣势（详见表4–1、表4–2、表4–3和表4–4）。

表4–1 财务考核

考核指标	定义	作用	优势	劣势
收入	业务总收入或收入增长，包括预付款、在途款或已到款	推动无差别销售绩效	直接、容易理解	无差别，为预付款、在途款和已到款都予以奖励，会让受激励销售人员产生不同的行为
毛利润	收入减去商品销售成本	推动有效定价或成本管理	激发从每笔交易中获得利润的积极性	可能很难定义和跟踪
毛利率	以收入百分比计的毛利润	激发获得高利润率的积极性	获得高利润率	对销售额高的销售人员未必有激励作用
营业利润	收入减去商品销售成本和销售管理费	激发与销售有关的成本管理的积极性	重视所有销售费用	因太过于强化费用管理，从而可能掣肘销售能力的发挥
净利润	净利润	推动完全的损益管理	反映公司最终盈利能力	并非所有要素都处在销售人员的控制之下
销售费用	与销售结果有关的成本	无论与销售的关系如何都会推动成本管理	提升利润率	费用有可能降低，但销售收入未必增加

表4–2 客户考核

考核指标	定义	作用	优势	劣势
产品组合或服务组合	产品组合的综合财务结果	刺激整个产品线的销售	可与战略优先顺序相匹配	可能导致不合乎规范的行为
客户组合	跨不同客户群或行业的综合财务结果	刺激超出单一客户群的销售	可以与战略优先顺序相匹配	可能导致不合乎规范的行为
合同条款	满足预定标准交易的财务绩效（如定价、期限、其他条款）	促进交易质量的提高	提高交易质量	可能丢失潜在的大生意

续前表

考核指标	定义	作用	优势	劣势
合同期限	与预定时间段相关的交易的财务结果	延长交易合同期限	更安全的业务	可能丢失潜在的大生意
新客户获取	赢得新客户的财务结果	提升销售代表关注更难得机会的积极性	可以把销售代表从他们当前的客户舒适区请出去	可能影响当前客户群的维护和发展
当前客户渗透	通过当前客户的发展或者通过新产品的使用获得的财务结果	推动增加对客户渗透的关注	注重通过更好地了解我们的客户来获得增长机会	可能降低新客户获取层面的重要性
当前客户保留	通过保护当前客户的当前收入获得的财务结果	推动提供高水平服务	注重我们收入的主要组成部分并减少客户流失	对客户服务有效但不会实现业务增长
团队参与	高于阈值或高于绩效阶段目标的销售代表所占百分数	通过销售经理或所有销售代表推动团队的维持和发展	建设团队并提高团队绩效	可能因不当考核导致裁减销售代表（经理有可能为了提高团队参与水平而解雇销售代表）

表 4-3　　预销售考核

考核指标	定义	作用	优势	劣势
客户需求原型	制造行业中客户所需的测试产品或模型产品的数量	是客户已经承诺采购的一个重要阶段	客户认可进展的一个早期指标	有可能出现质量不合格的原型
提交给客户的建议书	为用户编制的报价的数量和价值	可以展示符合条件的客户利益	推动促进销售意向达成的建议书的编制	可能导致建议书泛滥
设计采纳	一项可能带来预销售的已达成的协议	促成预销售的标志性事件	能够激励销售标志性事件的达成	数量过多可能导致销售费用与实际收入匹配失衡

续前表

考核指标	定义	作用	优势	劣势
签署意向书	与客户签署的软承诺的数量和价值	推动获取客户的承诺	获得距离销售更近一步的客户意向	可能导致意向书泛滥
销售渠道价值	销售过程中更高层级的总交易额，值得继续投资	组织予以奖励可能需一年以后等重大潜在的业务需证实已达成	允许销售代表跟进周期非常长的销售	需要通过跟进管理来核实该渠道价值
研讨会或展示会	针对符合资格的客户或潜在群体举办的活动的数量	推动一项可能游离于销售漏斗之外的基本市场营销活动	可以创造更多的新机会	可能催生低价值的活动
销售线索开发	创造出的符合条件的销售机会的数量和价值	推动创造新预销售	获得预销售的一个重要里程碑	可能导致销售线索泛滥

表 4-4　　　　定性考核

考核指标	定义	作用	优势	劣势
制定关键销售目标	建立在管理评价基础之上的很难定量考核的目标，如能力发展、客户开发、产品市场营销或加盟商开发	激励面向个人的具有指向意义的目标的举措	允许对很难考核或者有可能改变绩效周期的销售行为实行可变薪酬	可能导致薪酬权利的强化
关键管理目标	建立在管理评价基础之上的很难定量考核的目标，如战略规划或团队发展	激励面向企业的具有指向意义的目标的举措	允许对很难考核或者有可能改变绩效周期的销售行为实行可变薪酬	可能导致薪酬权利的强化

当你的团队着手分析绩效考核手段的可行性时，这是一个良好的开端。在随后的一节中，我们会为你提出一些忠告从而避免一些失误。

绩效考核陷阱

如果你提前有了一定程度的了解，你便有可能避免某些绩效考核陷阱。以下是检验你的考核方案的几个陷阱。

在视线模糊的情况下使用绩效考核手段

一家大型工业制造公司为了了解团队价值的加减项的细节，开始迷恋经济增加值（Economic Value Added，EVA）考核。为了在高管层面贯彻这一经营理念，该公司将经济增加值作为销售薪酬方案的主要绩效考核手段。毋庸讳言，那些过去谙熟佣金计算的客户经理们并不清楚经济增加值的含义或者它是如何与销售扯上关系的。

错误层面上的考核

一家技术公司希望它的销售经理专注整体业务结果而且以公司团队的形式工作。不管怎样，该公司行事有些鲁莽，给予区域销售经理的部门和公司绩效的奖励权重过高，而对区域团队绩效却不太重视。销售经理在公司层面上所做的工作是恰当的，但对区域团队绩效的推动则不到位。在对几个不温不火的公司绩效考核周期做过分析之后，公司发现区域销售经理的薪酬与其主管的区域团队的绩效无关而与部门和公司绩效高度相关。由于整体营收不佳，所有经理的薪酬都属于中等水平，不过其中并没有特别突出的薪酬。绩效较低区域的销售经理的薪酬与绩效较高区域的经理的薪酬相当，由于付给他们的部门和公司绩效薪酬掩盖了他们的真实绩效，因此他们并不太关心团队能力的构建。

考核不可控要素

一家纸制品公司将自己的生死存亡都寄望于毛利润绩效上。由于原材料的价格波动频繁，仅仅考核收入而不考核销售团队绩效会导致绩效随市场价格虚涨虚跌。毛利润考核（收入与产品成本的价差）跟踪公司的真实财务绩效。当然，同样采用毛利润指标考核销售团队似乎也是合乎逻辑的。原则上讲，销售代表应该接受考核并基于他所能控制的要素获得报酬。如果考核毛利润，那么这位销售代表的控制点通常是以较高价格销售产品的能力。假设每吨产品的成本是 10 美元。如果这位销售代表能为客户创造足够高的价值，他可以以 15 美元 / 吨而不是 14 美元 / 吨的价格将产品卖出，这代表溢价 1 美元，毛利润增加了 25%。

然而，对这家公司来说，由于定价是各种因素相互作用的结果，所以销售代表获得授权的是由收入实现团队确定下来的标准价格或定制价格。有时，公司会稍微调高产品价格而不是将利润让给客户。有时，公司会直降价格，开展“削价竞争”并占据先机。有时，公司会维持适当的利润。利润空间是销售代表无法控制的，但从获得薪酬的方式看，仿佛他们有完全的控制权。

建立在浮动百分比指标之上的考核

一家领先的办公用品公司希望在客户经理的销售薪酬方案中考核收入和毛利润。这个设想是将两种考核手段通过一个综合绩效薪酬矩阵联系起来，一个轴向是收入定额，另一轴向是毛利润定额。如果这位客户经理在两条线上做得都非常好，那么他便有可能实现自己的薪酬最大化。如果他在其中一个考核指标上做得好，比如说收入，但销售利润不高，那么他的薪酬就不会高过绩效平衡时的状态。在实现前述精彩设想的过程中，毛利润考核手段是其中的薄弱环节，而且细节决定成败，可以看出它是公司股价表现的命门。该公司并未考核一直在增加的毛利润目标，相反它在考核毛利率目标，这便创造出一个浮动指标。如果客户经理签署了一单生意，但这单生意的增量利润比不上到目前为止的已入账平均利润，那么他在绩效上会表现较差。

尽管考核毛利润绩效和毛利率绩效在表面上看起来没什么差别，不过还是让我们通过一个例子一探究竟。

假设有一位客户经理，他当年的销售定额是收入 1000 万美元，毛利润 300 万美元，或者 30% 的毛利率。进入 12 月份，也就是该财年的最后一个月，他的入账收入已达 917 万美元，毛利润 275 万美元，毛利率达到完美的 30%。在 12 月份，他的新增收入达到 125 万美元，新增毛利润 25 万美元，毛利率是 20%。从全年的数据看，该客户经理的收入为 1042 万美元（完成收入定额的 104%），毛利润为 300 万美元（完成毛利润定额的 100%）。

如果我们考核这位客户经理的毛利润定额绩效，他全年拿下 300 万毛利润，定额完成了 100%——这是很棒的业绩，而且交给公司的都是增量利润。他的定额绩效从 11 月份到 12 月份是增加的。然而，有一个情况必须提出来。由于对这项业务而言，12 月份是一个关键时段，为了获得 25 万美元的毛利润，客户经理必须把价格定得富有侵略性。事实上，这部分毛利率为 20% 的 25 万美元毛利润加上之前累积的毛利润已经让他的全年累计毛利率从 30% 降至 28.8%。这种情况可能让这位客户经理和该公司处于两难境地。这位客户经理应该以较低的毛利率并允许毛利率绩效指标出现“浮动”来做成这笔增量业务呢，还是应该坚持毛利率并让公司得到的毛利润减少一些而令自己的薪酬实现最大化呢？该公司在执行既定薪酬方案几个季度之后认识到这个窘境，它注意到自己变成了一个收入较低但利润较高的企业，因为销售代表选择无视可能降低自己累计毛利率绩效的交易。令人遗憾的是，该公司业务增长萎缩，与华尔街的期待大相径庭，公司的失策终于在股价上反映出来，直到这时公司才决定毛利润和收入应当成为一线销售团队优先考虑的考核要素。

使用矛盾的考核手段

一家生产并销售压缩机的公司专注于高利润的收入增长。由于一线销售主管有能力制定压缩机产品的价格，所以该公司使用毛利润作为主要的绩效考核手段。销售主管有一套标准定价程序，并掌握可以自行操作且无需经理批准的参数。作为销售主管的顶头上司，地区经理对整体业务增长和费用管理负责，因此公司主要将这些人的薪酬与收入以及销售费用预算挂钩。在薪酬设计阶段，人们都觉得这种考核手段很强大。每个层级负责一部分分解后的财务指标。销售主管明智地调整产品定价以便维持最佳成交价格并实现利润最大化。不过有时，事实上还很频繁，销售主管会拒绝为拿下一单生意而降价，因为这样会影响利润绩效。

在地区经理注意到这种行为的时候，他们指示并督促销售代表执行增加收入的对策，收入这种考核手段对地区经理极为重要。地区经理和销售代表之间的关系变得紧张，因为这个在纸面上看起来很棒的方案却充满了功能失调的冲突。企业文化是有强大凝聚力的，经理和销售代表可能会以一句玩笑“都是功能失调惹的祸”来化解矛盾，但这个事实无法改变，该方案已经制造出令交易流产的内部冲突。

引入营销理念的“薪酬方案地产”

近些年，有一家软件公司凭借一款占据自己收入绝大多数份额的主导产品成长起来。当它在客户中的产品渗透达到一定程度之后，该公司认识到未来的业务增长取决于依靠新增软件产品和打包为解决方案的专业服务增强客户渗透能力。产品营销团队为每款新产品开发了新的产品定位、价值定位和附属产品。而销售薪酬方案就像有价值的房地产，尤其在一个多产品的团队内部表现得更加明显。虽然营销团队正在将资金注入到产品推广中，但它也开始把这座"薪酬方案地产"作为下一个投资领域。他们给自己提出一个问题："假如我们在这个奖励方案中为每一种新产品和解决方案都购买若干空间会怎么样？"营销团队提供的资金也可以为销售团队部分缓解薪酬预算压力。

在安排自己的销售团队接受如何销售完整产品组合并定位新制定的客户解决方案的培训之后，该公司决定为营销团队的理念提供展示的机会，还把产品组合定额纳入客户经理的薪酬方案之中，进而为他提供了某种额外的激励措施。若要完成这个方案，这位客户经理必须达到三个产品类别中每个类别的最低收入阈值才能获得目标奖励。然而，通过强制要求实现方案中每个类别的绩效，该公司出现了这样一种情况：客户经理不再致力于先了解客户再提供正确的解决方案，而是不管客户是否真的需要，都想方设法把所谓的解决方案推销给客户。通过为解决方案销售设定硬性条件，该公司创造出与现行销售模式相反的行为，即无论客户是否需要某种解决方案都千方百计卖出去。

不匹配的预订收入和账单收入及紧迫感缺失

一家技术公司为自己的客户提供两大服务：其中一项服务是作为服务合同销售的，它附带特定的最低收入水平（我们称之为"类别 A"）；而另外一项服务的销售建立在使用的基础之上，并作为客户消费入账（我们称之为"类别 B"）。每个服务类型是由不同的销售团队销售的，因为每条产品线都需要独特的知识。通过确定考核收入并按照收入支付薪酬的方式，该公司创造了两种完全不同的行为。类别 A 的销售代表在客户订货和提供服务的时候都获得报酬。由于这种服务属于合同性质，所以收入是有保证的，而且只要收入数额确定下来，该公司便可以向销售代表支付薪酬。接下来，销售代表便可以等待下次销售。合同收入和奖励是确定的、绝对的、即时的。

与此形成对照的是，类别 B 的销售代表是依据以使用为基础的服务账单获得薪酬。这意味着当交易签署时，公司实际上已经收到最低数额的账单预收入，而剩余的账单收入会基于客户实际使用服务情况在协议期内汇入。该公司在使用模式上有可靠的信息源，因此在预测客户消费方面应该是准确的。不过尽管有强大的数据作支撑，但该公司还是继续基于账单向类别 B 的销售代表支付薪酬，这在很大程度上属于传统做法。

类别 A 的预订收入与类别 B 的账单收入之间这种简单的差别对季末和岁末客户代表行为的影响非常明显。在一年行将结束的时候，类别 B 客户代表的办公室变得安静下来，因为销售团队的假期开始了。自动回复的“离开办公室”电子邮件告知销售代表正在度假，并且不会定期查收邮件。第四季度开始时预售的交易陆续开始回款，这些账单都算作今年的业绩。除此之外的新交易都要等到 1 月份。毕竟销售代表在 12 月份达成的新交易，他们不会见到任何新的账单收入或薪酬。

相比之下，对于类别 A 而言，一切仍在进行中，各种活动还在如火如荼地展开。这里没有自动回复电子邮件，因为它们继续用于洽谈生意。任何新交易如果可以在 12 月份预订便不会等到 1 月份。毕竟该类别的销售代表是基于订货数额支付薪酬的，因此任何新交易都会计入今年的收入中并与今年的奖励薪酬挂钩。该公司仅仅通过为新收入选择两种不同的薪酬支付方式便已经创造出不同的销售行为并培育出两种不同的文化。还有最后一点，在类别 B 中，公司决定运用自己在利用客户方面的知识增加紧迫感和驱动力。

你需要向你的团队问与绩效考核手段有关的五个问题

1. 我们的考核手段可以反映最重要的几项业务策略吗？
2. 我们正在使用更青睐财务和客户结果的考核手段而不是预销售或定性手段吗？
3. 我们必须为什么样的考核手段支付报酬以及我们应该期待经理们使用什么样的考核手段呢？
4. 我们的销售代表对每种考核手段及考核层级有强大的控制力吗？
5. 我们使用自己选择的考核手段时，在团队内部会引发潜在冲突吗？

第 5 章

大型交易

匹配并激励战略客户销售

一两年前我们与一家大型电信公司的CEO罗伯特还有他的资深销售高管会面，讨论他们公司的战略客户方案。在我们落座后，罗伯特用非常生动的语言介绍了他最近会见一位潜在战略客户的情况。那是一家设在伦敦的全球性金融服务机构。为了搭建高管层面沟通的渠道，罗伯特所在公司的销售副总裁特意安排罗伯特与这家潜在客户的CEO会见。会上，这两位CEO竟然一拍即合，并在各自的背景中找到了一些共同点，这其中包括共同的企业目标。会后，罗伯特相信他的公司有把握搞定这个客户。在他等待来自销售团队好消息的过程中，公司销售副总裁打来电话，并以一种慢条斯理的语气告诉他一个不好的消息。罗伯特顿时怔住了，一种个人挫败感油然而生，过了好半天才说："你在开玩笑吗？我们是不是遗漏了什么？"

公司立刻开展事后调查，因为罗伯特非常焦急地希望找到一些答案。他是一位兴趣浓厚的CEO，经常把销售团队盘问得狼狈不堪。他们发现虽然那家金融服务机构认为罗伯特的公司提供的解决方案不仅质量高，而且价格公道，但对方觉得该方案存在地域局限性而且较为零散。他们认为作为一家全球性公司，如果采用该方案，他们需要对外协调的内容太多，最后算下来，他们在费用和内部资源上的总成本会非常高。

毫无疑问，罗伯特的公司也是一家国际化公司，在它的客户清单中，全世界的大牌公司赫然在列。然而，在深入调查的过程中，我们发现最早与那个客户接触的是该公司的区域销售团队。因为那位区域销售总监负责本地区的损益表管理，而且他的区域损益表绩效是自己获得薪酬的基础。他重点关注欧洲区的预订业务。虽然他希望赢得这家金融服务机构的所有全球业务，但他和他的团队几乎没有协调世界其他地区资源的积极性。当然要求这个欧洲团队这样做也是有些勉为其难，因为把额外的时间投入到与一个更大团队的合作中，处置各种意见，还要分割佣金，这样做下来，他们的注意力想必非常分散。

让我们回头再思考一下第 1 章中的“收入路线图”，这个销售团队既有的运营模式只局限在赋能层级，换句话说，他们目前仅仅受到奖励方案的驱动，而如果他们希望开发一个着眼于客户、销售过程和适当奖励的并以促进客户全球视野为目标的战略客户方案，那他们应该从上游的销售策略和客户覆盖层级着手。

罗伯特震怒了。他明白为什么他的公司会丢掉这单生意了。该公司长期以来坚持区域运营，并假设自己的各区域销售办公室在必要时会协同工作。但这种情况很少发生，而且随着时间的推移，缺乏合作也让它们的成本不堪重负。现在的这种情况必须要有所改变了。基于协作假设的运营给这家公司带来了重大收入问题，是时候采用一套清晰的销售过程和措施管理战略客户了。

定义战略客户

不管是否正式承认，大多数公司都有战略客户。这些客户对于企业都是至关重要的，具有扩大业务和在公司与客户之间建立起伙伴关系的潜力。战略客户包含全球客户、全国性客户、企业客户或其他大客户。

威瑞森公司的迈克·兰曼说，他的团队经常与大客户交流如何解决它们的业务问题，其中便涉及客户服务团队所做的协调努力。他指出：

这是一个神奇的时刻，你和你的客户的核心业务负责人分享你的公司如何改变和改善他们的业务模式。这次会议是众多战略方案和准备工作的大展演，而你通常只有一次机会。因此当你有机会的时候，最好做出正确的选择并抓住机会。

销售代表应该有这样做的动力，这是共享薪酬结构的一部分，也体现了协同工作的意愿和动机。没有它，你也就像人们常说的那样，“你做你的，我做我的”，最终摆在你面前的是一个东拼西凑的如弗兰肯斯坦怪物般的结果——每个人都奉献了自己的价值，但彼此之间的联系很差。今天，在付出巨大努力之后，我们终于把这种联系建立起来，而且我们确认这些信息通报制作得很完美，并专注于客户和它们的需要。我们用可以转变为销售额的重点项目取代了制作精良的团队报告。

我们把我们的业务按纵向做了细分，因为在一个普通行业中，没有比定期走访客户更快触及客户的深层次问题或机遇的方式了。如果我把我的时间都用来和运输公司打交道，我很快就能了解它们在关注什么。而且不仅如此，我还可以推动企业采取正确的行动，这样我们的产品、营销和法律团队便可以通过这些行动构建适当的产品和服务组合和适当的合同条款来解决市场问题。在采用这种纵向方式之前，我们很难和客户开展良好的合作。但现在我们可以自信地参与进来并说：“我们知道你的行业需要这个，我们为别人解决过这方面的问题，我们现在也能帮助你。”

我们在业内将这种做法称为“创建创新引擎”。它确实管用，而

> 且令人惊奇的是，当你在纵向团队模式下汇集客户要求时，公司可以极为迅速地满足那些要求。当你选择纵向模式时，销售团队的技能组合迅速化身为高端工具。而在此之前，他们拼命地汲取太多知识，却无法成为任何一个行业的专家。

通常情况下，各公司都是以一种零碎的方式与它们的战略客户合作。它们的销售代表可以轻松调出各大品牌的资料，然而当被问及针对那些客户的方案时，他们都是一脸的茫然。当公司确定战略客户时，他们通常只是把来自那些客户的当期收入作为判断条件。

把创造最多收入的客户视为战略客户是很自然的事情，但还有其他方式可以更为有效地确定一个战略客户。

销售潜力

一个普遍采用的方式是考察客户可挖掘的销售潜力总量。该数字表示一位销售代表在一个特定年份里抓住所有机会时可以提供给客户的产品价值。尽管赢得每一项交易是不现实的，但它是评估客户最终规模的好工具。按照收入而不是按照潜力分类可能导致一位主管低估自己 20% 的客户并忽视某些重大机会。他有可能在自己的客户金字塔中把一个财富 500 强客户定位在较低的层次里，因为他只看当期收入，而不看他本来有机会和客户做的业务。仅仅考虑当期收入令其进入防守态势，因为他正在思考他拥有什么而不是寄希望于他本应该拥有什么。

确定销售潜力可能是一个识别销售预测因素或汇集竞争情报的综合过程。竞争情报显示每个客户的总支出与分解后的每种产品和服务的支出情况。虽然获得一个准确的潜力评估对于客户细分尤其是目标设定很重要，但寻找战略客户的重点应该是把那些真正的重要客户按照重要程度排列出来。

战略价值

确定战略客户的另一个方法是，了解它对公司的整体重要性。战略价值可能包含收入潜力在内的多种因素。战略价值的一些重要内容包括客户与本公司使命的匹配程度有多好，客户对公司的增长计划有多重要，以及公司的专业知识与能力能够在多大程度上满足客户的需要。

确定划分战略客户的标准是最常见的陷阱之一。虽然一些公司选择若干重点客户作为战略客户，但实际状况则非常复杂。当缺少选择过程或明确的定义以及对销售能力存在不切实际的期待时，陷阱就会出现。

我们最近为一家技术公司评估了一个全球客户方案。作为第一步，我们对该公司的收入、利润和销售潜力等指标在主要客户的分布情况做了分析。我们提出了一个基本问题："多大比例的收入来自多大比例的客户？"这种情况有点像现代版的帕累托法则：大约 80% 的结果来自 20% 的原因。具体到销售领域，通常是 80% 的收入来自 20% 的客户。

如我们所料，相当比例的收入来自这些全球客户。事实上，接近 80% 的公司收入是由公司 15% 的全球客户贡献的。由于公司已经将自己的全球客户按照收入分类，所以在分割线以下也有很多是排在全球上市公司 2000 强之内的，但如果我们不唯当期收入论而是考察它们的全部潜力，那么它们本应被划入全球客户中。

其中一大发现是，尽管全球客户提供了 80% 的公司收入，但它们是由 125 家各具特色的公司组成的客户群，它们对于任何全球客户方案都是不可或缺的资源。如此庞大的规模使公司很难拥有一个核心突出的方案和专业资源。不过令人惊奇的是，当我们开始筛选这 125 家公司时，譬如按规模从小到大一个个排除，收入的百分比和潜力并未有太大变化。在对这份清单做过一番小心翼翼的删减之后，我们发现在最初的 125 家客户中有大约 30 家提供了前述 80% 的公司收入和潜力的大约 90%，或者说大约整个公司收入和潜力的 63%。站在核心和资源配置（包括总人数和总薪酬）的角度看，我们发现该公司把自己有限的全球客户销售代表分摊给了太多的客户。很显然，该公司将全球客户的资格线设置得太低了。它的全球客户方案并未给予那些高端客户特别礼遇，如果资源向这些客户集中，将帮助该公司获得巨大发展。

我们通过强化全球客户的定义和创建一个真正的全球客户方案解决了这个问题。这个全球客户方案把公司强烈的价值定位提供给那些客户。借助作为收入路线图销售策略层级有机组成部分的客户细分，该公司接下来便可以围绕销售角色和薪酬做出正确的决策。

了解客户的决策过程

只有确认了什么是对客户最重要的事情以及他们如何做决策，才能根据战略客户的需要，指导销售团队配置团队成员将要担当的销售角色，以及为那些角色做好业绩和薪酬的分割。一般来讲，拥有多个分部的大客户会选择集中采购、首选供应商和分散采购这三种方式中的一种做出采购决策。

集中采购过程

一家公司可能由一个单独的部门制定采购决策，这意味着大多数决策都是由面向所有分部的总部做出的（如图 5-1 所示）。例如，公司可能选择一家金融机构管理它的 401（k）计划。该决策是所有分部都必须执行的。这样一来，每个分部便无法决定自己的 401（k）计划，因为这是一个公司级的采购决策。然而，如果没有分部的代表解释该退休储蓄计划的价值，单独某一位员工便不会参与到这项计划中。

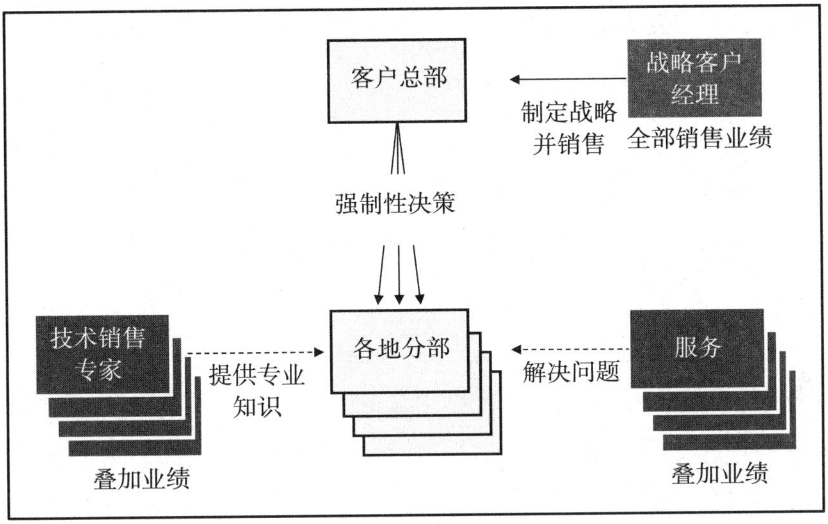

图 5-1　集中采购过程

在这种情况下，对于战略客户销售而言，有几个角色值得一提。大战略客户经理会与对方集中采购部门的决策者建立联系。为此，他主动了解对方对这项计划的需要，开发若干引人注目的选项并令其充分差异化，以便在竞争环境下赢得这单生意。在达成交易后，他便组织由 401（k）计划注册专家组成的支持团队并部署到客户的区域及地方办公室。虽然这些注册专家并不是向客户在各地的分部销售产品，但他们拥有娴熟的服务能力并通过教育和帮助员工注册 401（k）计划对销售产生重大影响。如果注册专家踏踏实实做了分内的工作，那么客户公司的员工就会向自己的退休计划注资，而 401（k）提供者也会获得收入。如果他们未做好本职工作，总部级别的销售就将变成不切实际的机会。

这种集中强制性决策需要有独特的销售薪酬模式和业绩体系配合。主要的销售业绩通常归功于战略客户经理。如果公司起用了地方支持团队，不管是服务专家还是提供专业知识的技术销售专家，那些支持团队在该客户带来的总收入中获得某种水平的叠加业绩。这种叠加业绩可能只针对它们所涉及的客户分部或者整个客户，或某种组合状况。

首选供应商采购过程

一家公司也可以按照总部的安排由各地分部做出采购决策（如图 5-2 所示）。在这种情形下，总部有可能做出采购产品的决策但实际上什么都不买。相反，总部给予卖方公司专供权或本公司的首选供应商地位。这意味着销售团队接下来可以与买方公司各地分部合作并提供产品。例如，一家办公用品公司有可能与一家大银行签署一份覆盖全国各分支机构的合同。这家银行批准了这一计划以及合同规定产品和合同条款。每个分部则会按照大合同采购产品，或者每个分部可能无视上述大合同，转而选择其他供应商。在了解到这种风险后，现在这位战略客户经理的职责是与地方销售团队合作，说服该银行的每个分支机构在大合同框架下而不是通过其他渠道采购产品。

首选供应商模式需要有自己独特的销售角色和薪酬解决方案。在客户公司总部，战略客户经理与客户的决策者开展合作，以便了解客户的需要，寻找正确的方式结束谈判并达成交易。作为方案的一部分，战略客户经理与他的团队一道拜访具有采购意向的所有客户分部。该团队由可以影响客户每个分部并达成交易的销售人员组成。该团队还有可能包括提供深度产品或服务知识的技术销售专家或产品专家。与此形成对照的是，虽然集中采购模式可能只要求执行采购决策或为对方提供服务，但首选供应商模式却要求地方销售商在其他备选供应商（可能也包括作为该客户另一个首选供应商的竞争者）的竞争压力下游说并达成交易。销售人员可以专门负责战略客户，也可以担任现场销售代表，即除了联系战略客户的地区办公室之外，还负责较小的地区客户，这一切都取决于该公司的配置模式和战略客户团队结构。

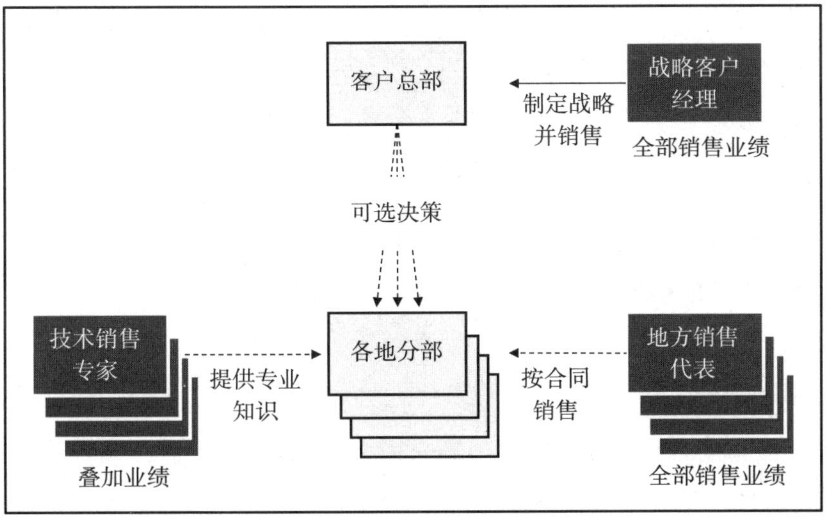

图 5-2　首选供应商采购过程

这种客户团队结构可以决定该公司给予战略客户的关注度，因此与配置有关的决策应该非常全面。如果有地方销售代表专门服务该客户或者如果该客户在这位销售代表的产品组合中享有高度的优先选择权，那么该公司将有可能获得较好的销售结果。如果这位地方销售代表有专门的战略客户奖励，或者如果他在战略客户销售方面的业绩大大高于来自普通客户的贡献，那么这种情况便显得尤为真实。从另一方面讲，如果在销售代表所负责区域内，战略客户与其他客户混杂在一起，或者如果针对战略客户的销售并无特殊的奖励薪酬，那么这位销售代表将追求最简单或最有吸引力的机会。在一线销售区域内，无差别对待战略客户有可能显著削弱战略客户方案和收入绩效。

针对源自多分部客户的销售业绩，业绩拆分是一种常见方式。例如，战略客户经理可能得到60%的收入业绩，而地方销售代表可能得到40%的业绩。虽然看上去这是一个很简单的解决方案，但获得40%权重的地方销售代表实际上可能不如他从自己的地方客户那里获得的业绩，因此在这位销售代表的眼中，战略客户的优势地位名不副实。

一个替代方案是给予多重业绩，这样无论战略客户经理还是地方客户经理都会基于单位销售额收到足额收入业绩。在这种情况下，销售团队可能给予战略客户销售较之地区客户销售相同或更高的奖励权重，以此彰显战略客户对地区销售代表的重要性。

分散采购过程

一家公司也可以做出分散采购决策（如图5-3所示）。一个拥有多处分部的客户可能将采购权下放至每个分部。例如，一家使用地面运输服务的公司的各地分部可以在一事一议的基础上决定选用哪家提供商。在分散采购模式下，销售公司可以让当地销售代表与当地客户匹配起来，或者配备一位战略客户经理，即使客户的各地分部直接做出采购决策，他也会尝试协调面向客户各地分部的销售活动。

客户的这种采购方式可能因采购类型的不同而有所差异。当一项类似地方运输这样的服务变成一个单列项目并在费用结构上越走越高时，分散采购模式经常会转变为利用集中采购合同的首选供应商模式。

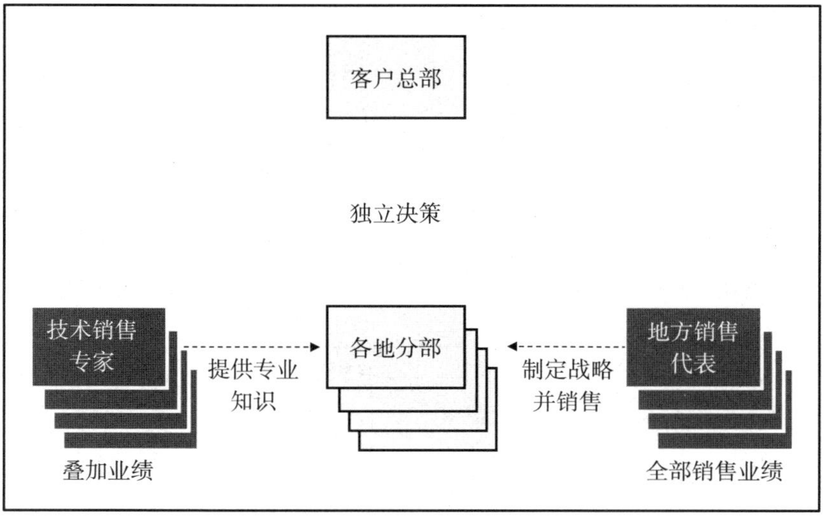

图 5-3　分散采购过程

例如，这家允许自己的各地分部就地面运输做出独立采购决策的公司可能会选择一两家经过批准的服务提供商以降低自己的总成本。如果费用水平已经成为这家公司产品的核心要素（譬如说，公司利用地面运输将成品从工厂运送到仓库），那么这家公司有可能决定将决策权集中起来，并通过向运输公司请求专属服务安排来增强购买力并签署全国采购合同。销售团队也可以对客户施加影响，使其从分散模式转变为集中模式，以便获得绝大多数业务。虽然集中采购计划有可能减少客户为服务支付的总价值，但它不失为一个不错的长期解决方案，因为它将在两家公司之间建立起良好的伙伴关系。

在本章开头的案例中，那家电信公司拥有一个并不完善的全球客户方案，这其中客户经理们要么试图胡乱地拼凑起全球方案，要么按地区接触客户。事实上，它只能算作一个松散的区域销售代表联盟，它基于原则和商誉行事，并不会给客户或销售团队带来任何实质性的效益。客户本应该优选一种合作方式，使两家公司都能获得财务和经营效益，但罗伯特的公司达不到那样的水平。然而，获胜的竞争对手却找到一种方式，将客户纳入了自己的全球客户方案，从而赢得了这单生意。

解决方案式销售的推动

近年来，解决方案式销售和顾问式销售大行其道，企业在培训计划上支出的资金达数十亿美元，这些计划试图教给人们如何倾听客户的想法，了解客户的问题并设计解决方案，从而使本公司与竞争对手区分开来，并最终赢得生意。

我们经常思考如何推动解决方案式销售以及奖励方案中应该包括什么内容。我们在实践中发现，解决方案式销售的推动不能仅仅依靠奖励来实现，收入路线图中各要素的内在一致性是关键所在，它们包括：

- **客户细分。**为了给销售团队提供推销解决方案的机会，销售领导层已经锁定适当的客户群了吗？
- **价值定位。**该公司围绕自己的解决方案拥有有效的价值定位吗？或者说，它的价值定位是以自己的产品为中心吗？
- **销售过程。**销售领导层已经明确了一个将销售团队与适当的买方层次匹配起来，并带领他们通过特定方式了解客户的业务和需要、编写商业案例并提供正确答案的销售过程吗？
- **人才。**销售团队拥有提供解决方案的适当人选吗？
- **训练和辅导。**人们学会如何销售解决方案了吗？他们正在接受辅导以便继续提高自己的能力吗？

只有当这些上游要素都匹配起来时，一项奖励方案才能促进解决方案式销售。

在考核解决方案并据此支付薪酬时存在的风险是，公司可能迫使销售代表推动一个符合自己奖励方案的解决方案，而不是提供一个真正面向客户的解决方案。那样的解决方案只能算作更为复杂的产品推广活动。考察解决方案式销售的正确方式是首先提出一个问题："解决方案的定义是什么？"很遗憾，解决方案可能无法在考核手段与奖励之间建立起强大的联系，因此很多公司会使用某种形式的替代方案，如一个产品或服务组合。例如，一家电信公司可能考察一个客户贡献的语音、数据和视频综合收入，以便确定这个业务是否属于解决方案式销售。这一假设是，通过销售这种组合产品，某种更为广泛的价值定位便为客户清晰展现出来，从而将这些零散业务捆绑为一个解决方案。

当我们思考解决方案奖励时，销售团队所寻觅的正确答案很可能是一系列答案，或者是薪酬方案中的硬性挂钩解决方案奖励，或者是以上部空间或附加形式为解决方案支付的奖励，也可能是针对解决方案销售团队的管理成效给予奖励，这些选择横跨从绝对考核到绝对管理的宽广范围（详见表 5–1）。

表 5–1　为解决方案销售提供的奖励

考核手段选择	原理	作用
硬性挂钩奖励	销售代表必须同时满足解决方案式销售目标和总体销售目标才能获得目标奖励	发出销售代表必须完成自己的解决方案式销售目标的明确信息。如果销售代表在自己所负责区域内没有一定数量的机会，或者如果收入路线图要素缺乏内在一致性，都将给予处罚

续前表

考核手段选择	原理	作用
上部空间奖励	销售代表只要完成自己的总体销售目标便能获得目标奖励，但必须同时满足解决方案式销售目标和总体销售目标，才能获得目标奖励之上的上部空间奖励	发出销售代表可以获得目标奖励的信息，但必须完成解决方案式销售目标才能获得上部空间奖励。如果收入路线图要素缺乏内在一致性的话，为上部空间奖励设定一个门槛，可以淡化处罚效果
附加奖励	销售代表只要完成自己的总体销售目标便能获得目标奖励和上部空间奖励，但如果他完成了解决方案式销售目标还可以获得附加奖励	发出完成解决方案式销售目标的销售代表可以获得额外奖励的信息。该选择为那些有机会和有能力的销售代表提供奖励机会
管理成效奖励	销售经理因属下销售代表的解决方案销售绩效而获得奖励。该选择会激励销售经理对符合条件的客户开展解决方案销售	将解决方案销售的评估提高到一个新水平，销售经理将看到并重点关注整个销售团队内存在的机会

激励创造性销售角色

一般来讲，处在战略层面上的销售角色都是通过真正的创造性方式完成他们的增长目标的。现在很多公司言必称解决方案式销售，但后者在本质上属于对预定义产品或服务的适应和融合，不过创造性角色也可以开发出一种客户解决方案，这种解决方案在很大程度上源自一个独特的概念，即根据客户的需要定制解决方案。这种解决方案有可能通过提供某些独特的信息以及客户之前可能从未考虑过的新理念扩展价值定位。

在努力让自己保持独特性以及对客户业务的了解达到一定深度的团队中，我们看到了这种类型的创造性销售。这些销售角色是如何发挥作用的呢？另外，为了奖励创造性销售角色，我们应该选择什么样的考核手段呢？

以解决方案式销售为例，为了让这些角色取得成功，收入路线图中的上游要素必须获得内在一致性，这包括确定适当的客户群、价值定位、销售过程，乃至为这些销售代表培训知识和技能，从而提高他们的创造性解决方案开发能力。我们与我们的客户和他们的团队一起提出了这些创造性方法，当然，这离不开我们的创造性销售商数（Creative Sales Quotient）程序，它会帮助我们开发创造性销售解决方案的方法。

至于如何激励创造性角色并让他们与奖励保持一致，该课题已在商业媒体上引发概念层面的诸多关注，但从公司风险控制的角度来看还需要更多的诠释和实验。针对具有高度认知水平的创造性销售角色，从我们与领先的销售团队开展的合作，以及从我本人作为“象牙塔艺术学校MBA”的亲身经历（从曾经混在纽约的设计师兼广告人向开发创造性销售策略的左右脑混合角色的转变），我们已经充分了解到什么方法在发挥作用，而什么方法却毫无效果。以下是为创新性销售角色开发奖励方案时需要考虑的几个原则。

辨别作为目标的创造力和作为销售结果获得方法的创造力

一个优秀的创造过程包括明确挑战、消除错误的假设、将可能的解决方案要素联系起来、强化概念和开发解决方案的纵向替代方案等内容。对于一个身处研发、市场营销或广告领域的创造性角色而言，他的成果可能首先是解决方案本身，紧随其后的才是通过公司的销售渠道和销售团队变成现实的丰厚收入。为开发更具创造力的解决方案所设立的奖励方案可能不会带来更大的创造力，相反却有可能产生更大的束缚和更差的构想和创造力。对于这些角色来讲，类似挖掘认知方法，利用内在的、本质的激励因素，以及作为工作成果的潜在奖励这样的手段通常与创造过程存在良好的内在一致性。

对于销售角色和某些以获得有形收入结果为目标的市场营销角色而言，创造性解决方案和利润丰厚的收入之间的联系更为直接（如图 5-4 所示）。一个成功的创造过程所产生的结果并不仅仅局限于提出一个新的想法，而是为客户或相关业务赢得一笔新交易或增加收入。在这种情况下，通过了解这位客户的状况，以不同方式解决问题并达成交易，创造过程便成为获得一笔收入的手段。基于最终结果设置奖励，以及为了得到这个结果自主处理好创造过程，将保证那个角色与对那项业务至关重要的最终结果保持一致。作为补充的认知和本质激励因素也会对奖励方案起到强化作用。应确保创造性成果和创造性实施的融合，还要平衡与之匹配的奖励。

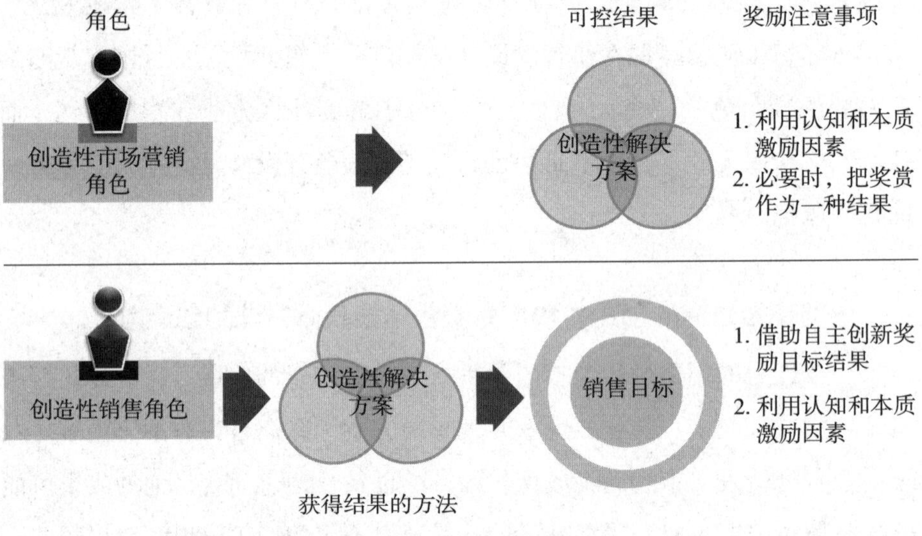

图 5-4　作为销售结果获得方法的创造力

少考虑直接奖励，多考虑自主奖励

当总薪酬水平已经达到个体可以明显感知到的程度以及销售角色变得更具创造力时，那种具有高度指向性的奖励和增量奖励的效果通常就会降低。大型咨询、外包和设施管理公司的销售角色就很好地体现了这一原则。这些角色经常为面临一系列挑战的客户以及由销售代表和客户共同开发的作为结果的概念创造个性化解决方案。产品或服务仅仅是令概念得以实现的一个功能要素。

在这种情形下，正如你可能在一组由预定义产品构成的解决方案式销售过程中看到的那样，规定某一具体的产品组合，或者为特定的期望行为增加增量奖励，很显然无法让销售代表违背自己的意愿或者产生更好的结果。销售代表此时处在这样一种状态：通过不同的途径多挣几千元美元的预期，远不如增加来自这个客户的总收入从而获得更大奖赏的可能性来得重要。

我们发现这一原则最近在一家全球性外包公司那里得到了充分体现。该公司奖励方案的设计与该公司无缝开发跨国解决方案的战略并不匹配。而且受限于该公司的组织与财务结构，当其面向来自不同国家的客户时很难执行销售奖励方案。然而，与你预期相反的是，团队中的高级销售代表依然在制定跨国客户解决方案并且为企业和客户提供力所能及的帮助，即便从在纸面上看奖励方案并不支持这种行为。原因是这些销售代表作为一个群体已经达到了相当高的层次，他们在为客户开发最佳解决方案时所获得的总体奖赏，无论经济上的还是内在的，远比任何呆板的跨区域销售非奖励因素更有价值。既然销售结果体现了预期增长效果，他们的总体奖励便为他们提供了自主创造和决策的能力。不要过分依赖奖励，而要让支持该角色的自主创造能力发挥作用。

了解高度认知销售角色的激励因素

包括基本薪金和奖励在内的现金薪酬是销售人员薪酬的重要组成部分。长期奖励和福利可以增加薪酬的价值。然而其他激励因素也可以在让创造性销售角色对个体施加压力方面发挥很大作用。这些因素包括承认以非金钱方式取得成功的奖赏和认知方案。其中一些方法会在第 7 章中予以介绍。

不过，在由公司设计的奖励和奖赏方案之外，还有若干最有力的激励因素属于与创造成功和获胜相伴而来的内在奖赏的范畴。有关这些内在激励因素最具说服力的阐述是迈克尔·乔丹与芝加哥公牛队所签合同中的一个著名条款——“为了我深爱的运动”(love of the game)。合同规定，他在淡季比赛期间打球负伤也不影响他的薪酬。打球成为一种内在意志的体现，并写入他的奖励方案中，这样一种境界实属高深。通过了解销售代表的激励因素，发掘他们对销售工作的热爱，强调内在奖赏，并提供分享激情和专业知识的机会，进而奠定他们作为新一代有抱负的销售代表导师的身份。

引导创造性销售代表创建自己的目标

我们在有关销售定额的那章中曾经探讨过，设定有效的目标是在销售薪酬和绩效之间建立关键联系。如果销售团队正在创建独特的解决方案，尤其针对战略客户而言，一个简单的财务目标也许还不够。有时，财务结果会超出年度时间框架，团队将要开发的解决方案的类型可能并不清晰，而且由于那些对业务环境和客户挑战有充分了解的销售团队拥有巨大的信息量，所以目标和先行指标可能更趋多变。

Semicoa 公司的总裁雷梅什·拉姆钱达尼介绍了半导体行业的新技术发展情况：

> 从某种程度上讲，战略销售代表眼中的新技术发展路径是非常清晰的。现在汽车上都有了 iPad、Wi-Fi、自动泊车和智能导航等先

进的电子科技。汽车行业有明确的路线图，因此我们对这个市场的走向是有所把握的。不过在消费空间里，没有人知道三年后的智能手机会发展成什么样。但我们确实知道正在发展的使能技术。销售人员需要了解这些动因。奖励设计和目标可能是动态的，而且我们会继续微调它们。不过销售团队必须带着新的市场洞察力配合我们。

针对战略客户的客户解决方案可以对引人注目的里程碑事件提供这种类型的洞察力和可以被结合到目标设定过程之中的目标。团队还可以对设定目标有参考价值的市场和格局问题提供定期分析。应考虑引导创造性战略客户销售代表构建自己的目标，以增加那些目标与客户的相关性，从而改善过程的透明度并实现双赢。

如果创新销售解决方案的开发在你的业务中属于优先选项，那么就请明确它在你的销售策略中适合的位置，并用创造性解决方案开发方法论武装起来，借助与你的团队相匹配的适当的奖励手段和激励因素为其提供支持。

销售业绩分配平衡

我们曾经收到一位财务高管打来的电话，他提出了一个很直接的问题：“同样是1美元的收入，有多少人应该得到报酬呢？”这位高管很关心他的团队在一项特定交易中如何分配每个人的薪酬，并希望了解本团队如何着手削减那些“不配获得薪酬和过度支付薪酬的销售代表”的业绩。问题的答案并不在于业绩或收入，而在于谁会影响公司希望激励的销售和行为。不适当地削减业绩可能割裂将团队联系在一起的关键纽带——省了钱但失去了动力。

尽管降低薪酬成本的诱惑有时会导致削减业绩，但一个较为理想的答案是审视团队中的每个角色并确定销售过程中的期望行为。随后确定哪些角色经常会通过哪些行为影响销售，接下来再确定什么类型的业绩分配方法会被采用。例如，当我们为每单交易分配一定数额的业绩时，是采用分割业绩方式还是多重业绩方式呢？最后，审视财务管理环节，了解每种业绩分配方式的成本内涵。然后提出以下问题：

- 销售团队根据交易情况向太多的人分配业绩并提供薪酬了吗？
- 这会对积极性、团队精神和绩效产生何种影响？
- 业绩分配怎样才能回归根本？
- 业绩分配方式的成本内涵是什么？

在业绩分配模式的两极，在单一销售业绩和多重销售业绩之间都存在若干重大行为差异（如图 5-5 所示）。

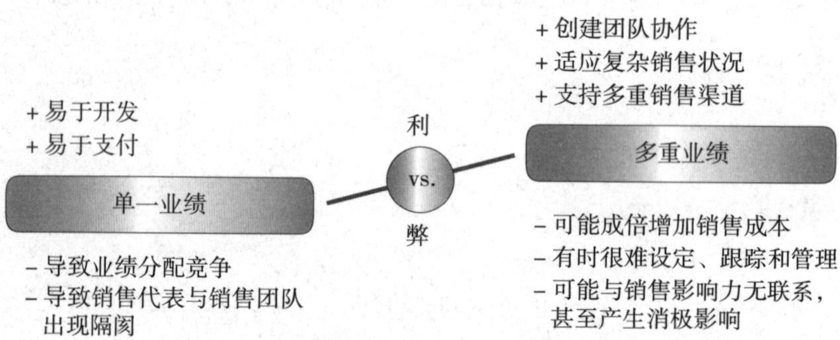

图 5-5 销售业绩分配平衡

单一销售业绩很好理解并可以直接支付薪酬。成本简单易算，因为单位收入都有单一薪酬业绩或佣金比例与之对应。问题是单一业绩带来一种竞争态势。如果业务由一位独立销售代表负责，一切都好说。但如果公司依赖团队销售，这其中还混杂着直接销售代表销售渠道或直接与间接混合型销售渠道，由此会出现一种“吸引与排斥共存”的状况。单一业绩即刻吸引销售代表的注意并付诸行动。但一旦该业绩被其中一位销售代表认领，所有其他没有参加行动的销售代表都会受到排斥。如果公司实际上依靠团队完成这笔交易，那么这个团队的成员现在都要离开了，他们要寻找下一单交易和获得下一份业绩。

多重业绩分配为一位以上的团队成员提供业绩。公司可能为某项交易设定若干可以获得的业绩份额，或者规定根据每个人在交易中扮演的角色（如提供销售机会、管理销售过程和交易支持）分配业绩。多重业绩分配方法可以在团队或多渠道销售环境下发挥良好作用，这其中存在若干直接销售代表（由公司雇用）和间接资源（类似中间商和分销商这样的第三方合作伙伴）。

与多重业绩分配模式相对应的是分割业绩模式，即公司使用单一业绩，但要么基于角色分割业绩，要么在交易时让销售代表们协商分割比例。但是，这种方法存在厚此薄彼、私下交易和勾心斗角等弊端。

多重业绩分配模式必须认真设计和管理。如果做不到这一点，它将产生消极的影响，即销售代表和渠道合作伙伴为了获得某种奖励薪酬而绞尽脑汁、相互攻讦。明确多重业绩分配的承诺规则很重要，同样重要的还有确保每次业绩分配都与不同的销售角色在交易过程中所发挥的作用联系起来，以及了解不同销售和业绩分配情境下的潜在奖励成本。

英国电信全球服务公司（BT Global Services）是网络 IT 服务全球提供商。杰夫·施密特（Jeff Schmidt）是该公司负责业务连续性、安全性和治理业务的全球首脑。他对全球销售模式下的团队协作奖励机制自有一套办法。他说：

你肯定不希望销售团队出现内讧——故步自封，互不分享信息。要确认你的奖赏体系足够灵活，既奖励团队又照顾到个人。而且，我还想提醒你，不能过分奖励团队却忽视个人的作用。否则的话，可以想象那个做了大部分工作的人将拿不到多少奖励，因为每个人都会得到奖励，但其他人的付出可能没有这个人多。在这种情况下，最好奖励个人，但也要确保团队获得协作奖励。个人因这项工作付出的努力得到了承认，而你也有望以此为契机激励团队中的其他人，销售主要表现为一项个人运动。

我们所设定的目标是一个跨地域、跨文化、全球统一的销售奖励方案。销售团队的奖励在本质上是灵活的，但在整个企业内部存在一致性。我们的目标不是让一个人独享销售机会，因为其他人也可以充分利用这个机会。一个人掌握了销售线索，但为了确保一致性，分属七个不同的地区的七个人都应处在同一水平上。你要确认分享和协作也属于奖励因素。

考核大型交易

有时，与战略客户相伴而来的也包括赢得大型交易的机会，它们会奠定该公司全年业绩的基础。例如，对于一家向大客户提供外包服务的公司而言，年服务费通常从 200 万美元到 500 万美元不等，但如果你的服务费达到 5000 万美元到 7500 万美元，就是大型交易级别了。这种巨大的差别有可能令交易过程和奖励薪酬出现紊乱。

我们最近收到这样一封来自一位首席销售官的电子邮件：

我所领导的销售团队准备签订一项大型服务合同。它让我们的

> 销售佣金方案面临巨大挑战。鉴于这种有可能向销售代表支付巨额佣金的情况，我们需要明确某种有价值的补充细节或比较数据。寻找比较数据和历史数据并不是一件容易的事。目前我们的销售薪酬封顶 75 万美元。高于上限的数额将根据管理层的决断自主权支付薪酬。在本案例中，超过封顶的金额为 600 万美元。抓住这个客户是公司的重大事件，我们的销售高管层关注这家公司并促进整个销售周期的形成也有两年半的时间了。其他人当然也参与了，但现在我处在一个很困难的境地，既要保持对销售人员个人的承诺，还要说服公司这样一大笔酌情支付的奖励是合理的。

超过封顶 75 万美元的奖励薪酬达到 600 万美元。这在任何团队内部都会搅起轩然大波。

大型交易无论对销售过程的前端还是后端都是一种挑战。一笔交易可以达到一般交易规模的 10 倍，类似这样的生意通常不会很快谈成。一笔大单的谈判时间超过一个常规的财年甚至两三年都是很常见的。作为一位战略客户经理，他要耐心跟踪如此漫长的交易过程，这需要信念、坚持和一个独特的奖励解决方案。如果公司在当前财年内根据销售收入支付薪酬，这位销售代表可能是零销售收入——或者完成 10 倍定额的销售收入。

上述的这种窘境在于，如果销售代表在几年内无法从一笔大型交易中见到收入，如何让他坚持下来呢？一种方法很简单，即承认完成大型交易是需要时间的。一位战略客户经理通常都有可观的基本薪金，它能支撑他走过漫长的交易过程。当这种情况发生时，这笔大型交易可以在经济上支持销售代表，令其平安度过今后一两年的时间。它还可以为未来的家庭经济状况提供保障，也让团队继续拥有一位本来决定提前退休的卓越的销售代表。

为各类机构和企业提供设施管理服务和配餐服务的爱玛客公司首席发展官杰夫·康纳认为，当大型交易机会来临时，公司需要拥有销售行为所遵循的基础的和技术性的绩效考核手段。他说：

我给销售领导层的指导意见是，在考核大客户销售人员的绩效管理时，我们至少应该按合计价值给出两年甚至三年的时间窗。因此，你不必每年重新修订薪酬方案，因为他们或许今年获得了超额薪酬而明年又薪酬过低。那些销售代表清楚他们的薪酬方案和企业战略之间的内在一致性，但我不希望失去与利润增长的内在一致性。不过站在绩效管理层的角度，我也希望看到我们采用共同的时间窗来考核绩效。有人可能会度过很困难的一年。这样的战略决策我们不知道已经做出了多少次，“我希望你全力以赴地盯住这个客户。”如果项目没做成，我们的方案均包含一定程度的安全保障，而且我们还有一个公司账户，它可以帮助销售人员支付某些特别的和不常见的费用。

我并不认同编制薪酬方案差不多就是澄清相互关联的薪酬和绩效之间差别的说法。你需要提升的能力实际上是你以长远观点看问题的能力。因此你在编制方案时不必纠缠有人在两年高收入之间出现一年低收入的情况。但当你考察他们的销售能力高低时，你应该把三年作为一个完整的时间段来考虑。在了解了根据利润增长和绩效管理所做的薪酬分割后，你会发现这个薪酬方案并非真的如想象的那么离谱。

在我们的方案中，我们首先确定一个目标，接下来会围绕目标做些考核工作。一旦你达到并稍稍超过这个目标，我们会认定这笔收入和利润率有效。对于那些超过目标的销售人员，这是一件很有意义的事。我把做业务过程中遇到的这个问题称为“大额法则”。在一年里，他做成一笔交易就有可能达到销售定额的两倍。从理论上讲，在接下来的七年里，他即使业绩平平仍然是一位成功者。不过，在他的团队成员中，一些人可能没有这般成功。因此当最终取平均值时，团队绩效只是稍有起伏而已。

另外一种方法是将预测考核手段与财务考核手段结合起来使用。例如，一家公司在销售过程的特定阶段可以考察销售漏斗价值（销售代表有可能完成交易的清单和每单交易的潜在价值），并按照漏斗价值和当年实际预订收入支付薪酬。当然，按照销售漏斗支付薪酬需要严格定义支付奖励的漏斗阶段和来自管理层的明确确认，即潜在收入和里程碑确实有效。例如，一位致力于签订外包合同的销售代表可以推动客户和公司共同投资以便开展外包关系研究和计划工作。这种做法一方面表明客户愿望合作的承诺，另一方面增加这单交易最终达成的可能性。去年与我们有过合作的三家财富 100 强高科技公司便按照这种方式为大型交易的漏斗价值支付了薪酬。根据漏斗价值支付薪酬的方法与根据结果而不是活动支付薪酬的原则正好相反，不过若管理得当，这种方法还是有效果的。

在大型交易的后端，也就是在真正交易时，公司应该对自己的奖励方法充满信心，所以出现任何结果都不会令人感到惊奇。在设计支出曲线时，如果某项交易的交易额达到了平均交易规模的 10 倍，就要确认它接下来是否坚持同一斜率或者降低斜率。一个销售团队应该知道它将如何应对类似可能支付 675 万美元巨额薪酬这样的状况。正如刚刚提到的那位首席销售官在电子邮件中介绍的那样，尽管在后来的对话中，公司承认这项交易的规模完全配得上交易的成本，但公司和雇员之间确实出现了不同步的情况。正是向一个人支付这种史无前例的薪酬为公司制造了一个窘境。

为了平稳应对此类情况，请思考以下几个问题：

- 这单生意得到公司高度评价了吗？
- 它会对公司今年的业绩产生不成比例的正面影响吗？
- 这是一个正在发展中的和在销售过程中记录在案的机会而非一次不期而遇的成功吗？
- 销售代表对促成这单生意具有重大影响而不是一张“彩票”的接受者或者一个实际推动这单生意的团队的受益人吗？
- 这笔可能发生的支出符合薪酬指导原则吗？
- 这笔可能发生的支出支持企业文化并创造一种激励他人的“英雄故事”吗？
- 针对这种级别收入的奖励属于可接受的销售薪酬成本吗？而且如果它并不是只支付给一个人就不会引发关注了吗？

如果上述大多数问题的回答都是“是的”，则暗示公司应该支付这笔奖励薪酬。但财务部门在开出支票前，需要考虑公司希望销售代表与客户在未来做出何种类型的行为。如果公司希望销售代表将目标锁定下一位客户，那么它有可能立刻支付全部薪酬，当然这样可能冒这位销售代表选择提前退休的风险。如果公司希望销售代表与客户保持密切联系以落实销售回款，或者如果这份合同并未保证收入的真正落实，或者如果公司希望销售代表在决定退休之前留下他，它有可能选择分期支付奖励薪酬的方式。调整或者为支付设限不是个好主意，因为这对于销售团队而言是一个真正的“士气”杀手。我们都需要英雄。如果这笔付款在合理的销售成本范围之内，考虑到它可以激励销售团队的绩效，公司实际上可以从这笔付款中获得某些额外的励志效果：“如果他能做，那么我也能做。”务必考虑清楚大型交易对销售团队的潜在影响。不要低估战略客户经理的价值，请在奖励方案中善待他们。

你需要向你的团队问与战略客户有关的五个问题

1. 我们的战略客户方案如何为我们最有价值的客户创造价值？
2. 我们的战略客户销售结构和奖励业绩分配如何与战略客户所做决策保持一致？
3. 我们的收入路线图要素与解决方案式销售匹配吗？或者说，我们是不是过于依赖奖励了？
4. 我们的销售业绩分配过程是在推动恰当的销售类型和团队行为吗？
5. 我们应对大型交易和重大支出的方法是什么呢？

第 6 章

定额窘境

设定公平且有益的销售目标

我把车停在一座办公楼前的停车场里。这里是华盛顿特区的城外，属于马里兰州的一个郊区。尽管是一个明媚的秋日，我置身办公楼内，却感觉一阵阵凉意袭来。在接下来的三个小时里，我要与吉姆好好聊聊。吉姆是一家领先的健康保险公司的资深销售高管。我们坐在他的办公室里讨论定额过程以及该过程对销售团队有多么“不公平”。当他在本已烟雾缭绕的办公室里又点燃一支烟时，我则在思索他的这个习惯和他所在行业之间的矛盾之处，并听他大谈“数字”“定额”和“目标”。他的部门今年业绩不错，有些销售代表还做得非常出色。在我们一起设想下一财年的定额时，他告诉我，他和他的团队正在因去年的卓越绩效反而遭受到惩罚。“你知道，马克，”他说，“我们的业绩非常棒，可我们得到了什么奖励呢？那就是明年更高的定额。”此前我已经在不止一家销售团队那里听到过类似的抱怨。

我的下一站是波士顿郊外一座名为塞勒姆的小镇，飞行时间很短。在那里我要拜访同一家健康保险公司的另一位销售高管。走出波士顿洛根机场，我租了一辆车，小心翼翼地穿过古朴的街道，并在离办公室不远的地方找到一个停车位。因距离会面还有几分钟的时间，于是我沿着风景大道，漫步穿过古老的墓地在塞勒姆女巫审判纪念碑停了下来。当我在墓碑上读到1692年发生在塞勒姆镇的那段令人恐怖的审判过程时，我想到了吉姆的定额窘境。难道这些销售高管就该被来自企业领导层的难以承受的定额压得喘不过气来吗？

在销售高管的办公室里，还是类似的谈话、类似的情节：去年销售团队工作多么出色，而定额是多么不切实际。再一次，同样的字眼从这位销售高管的口中说出——“数字”“定额”。会见之后，我又和这家团队内的其他人做了交流。很显然，问题不是出在数字上，要探究数字背后的真相。这是有关定额设定方法、假设、定额过程自上而下的自然属性，以及团队对于定额设定过程严重缺乏投入和信心的问题。对于这个团队而言，它不仅仅是一个定额问题，还是人的问题，以及信任与信心的问题。

最后按照我们的思路，我们完全颠倒了定额设定过程并改变了销售团队的对话方式。我们关注的不是数字的多少而是数字是如何设定的，以及销售代表如何参与并拥有这个过程。压力从数字转移到对话的质量上。最终的定额数字变成了销售团队、高层领导、销售运营和财务等各方紧密合作的结果。这样说来，销售团队收到的是一份与老办法设定的定额截然不同的新定额啦？在很多情况下，确实是这样；在某些情况下，不是这样。团队清楚目前这份新定额的设定过程，这一事实让他们认真对待业务并把精力投入到市场上而非互相倾轧。尽管他们之前认为销售目标是不可能完成的，但到最后该公司又迎来一个丰收年。

定额是把公司的目标分派给业务部门和销售团队，并在最终对接一线的销售团队。在一线销售团队，定额表示每位销售代表都拥有自己的一份收入计划或利润计划。尽管有人质疑定额可能并非销售薪酬方案的组成部分，但没有它们，大多数销售薪酬方案也许会流于形式。一个销售团队有可能煞费苦心地完成了销售薪酬评估和设计过程的每个步骤，制定了一个卓越的方案，却有可能被糟糕的定额设定抵消掉。如果可以选择，我宁愿要一个良好的销售薪酬设计和一个良好的定额设定过程，也不愿要一个卓越的方案和一个糟糕的定额设定过程。“如果我在薪酬方案中看到不平衡状态，95%的情况是因为糟糕的定额设定。”保罗·约翰逊（Paul Johnson）如是说。他是直觉公司（Intuit）销售与市场营销副总裁，该公司是中小企业业务与金融管理解决方案的提供商。“如果我看到有人明显少拿薪酬或多拿薪酬，通常就是（因为）我们没设计好定额而不是因为方案的结构不好。”一个良好的薪酬方案和一个强大的定额设定过程的有机结合有可能令团队更贴近自己的增长目标。

对于大多数公司而言，定额问题始终位列或接近销售薪酬所面临的各种挑战之首。根据我们的调查，我们发现大约30%的公司在年初并未设定好销售定额。这种情况令人担忧，因为一家公司的销售代表很有可能在若干个月里继续按照去年的定额规划自己的工作，而到了年末的时候才知道他们的定额有大幅度提高。为了让薪酬方案成为一个良好的沟通工具，销售代表需要清楚公司希望他们在哪个方向上取得进展。

大约有半数采用定额管理的公司会在一年当中的某个时间点上调整定额。一些公司这样做是有正当理由的，因为它们改变了销售策略、销售区域，或者某种计划上市产品并未发布。而其他公司这样做是为了管控薪酬，你可能在一家著名公司的少数雇员口中听说过这样一种非常幽默的说法——“奖励管控中”（Incentives Being Managed）。公司可能发现有些销售代表的个人收入超出了老板的预期范围，于是他们提高或者重新分配定额。如果可以完全避免，我们并不提倡在年中改变定额，除非增长计划或者团队与市场匹配方面出现重大改变。

与定额有关的若干挑战

最近，我们 SalesGlobe 公司在销售主管中开展了一项调查。根据调查结果，为我们揭示了就定额设定目前所面临的主要挑战在哪里（如图 6-1 所示）。

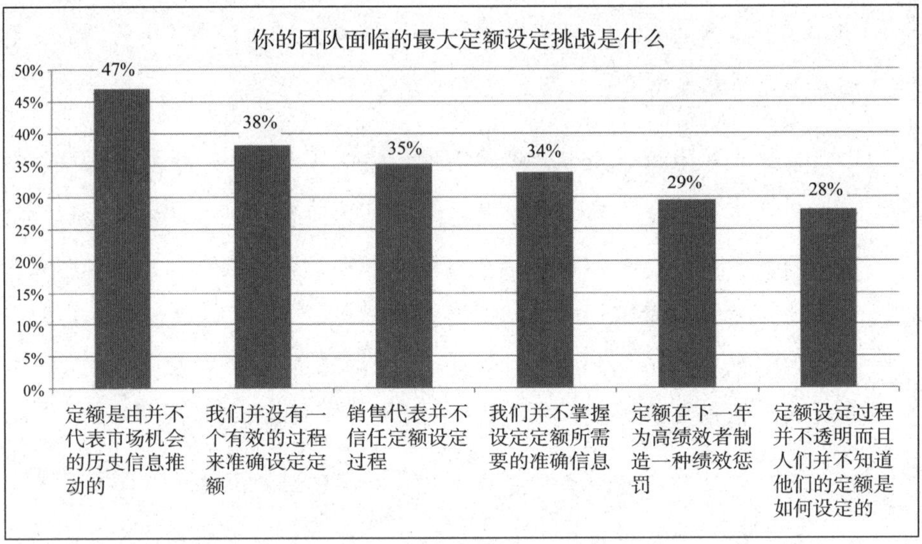

图 6-1　定额设定的挑战

- **定额是由并不代表市场机会的历史信息推动的**。多数团队的自然倾向是考虑销售代表或团队的短期历史绩效并增加某些内容。然而，通过“观察后视镜”方式设计的方案通常无法说明某一领域确实尚未触及的增长机会或销售人员尚未展露的能力。
- **团队并没有一个有效的过程来准确设定定额**。定额经常是通过某种被视为不准确或不可靠的方法设定的。不管过程好坏，那种认为过程无效的想法可能同样是一个大问题。
- **销售团队并不信任定额设定过程**。团队自身可能拥有一个过程。经理和销售代表甚至有可能是这个过程的组成部分，将其“自下而上的”资源投入到他们认为在所负责区域内可以实现的环节。然而，神秘之处在于，无论一线团队提供的资源有多少，销售定额的数字依然故我，仿佛它完全是一个自上而下的决策。销售代表和销售经理很想知道为什么主管部门多此一举。

- **团队并不掌握设定定额所需要的准确信息**。团队希望把定额设定好。但数据并不存在或并不可靠。放在十年前，这是一个相当普遍的问题，但团队现在有了一直在完善的客户和市场数据，比以往更有可能设定出恰当的定额。
- **定额在下一年为高绩效者制造一种绩效惩罚**。团队对今年定额完成情况感觉良好会导致对下一年业绩增长的期待变得不切实际。如果去年的某些重大业绩来自一个相当可观但不属于可重复收入的一次性交易，那么销售代表可能面临现实障碍。
- **定额设定过程并不透明而且人们并不知道他们的定额是如何设定的**。销售代表收到的是一个定额数字，它写在一页纸上或者通过口头传达，但究竟是如何设计出来的却没有清晰的解释。有时，销售经理和销售代表一想到它就感觉痛苦不堪，因为总定额看上去是根本无法完成的。

虽然人们经常把定额设定看作一种定量的、靠数字推动的要素，但前述六大挑战中的四种与数字并无关系，相反却与过程、与人和他们在这个过程中的想法有关。定额设定是数字挑战也是人的挑战。

这些问题无法被忽视。大多数公司已经认识到不解决定额问题所蕴含的风险。我们的调查结果也捕捉到了未解决定额问题的公司所面临的风险（如图6-2所示）。这些风险包括销售团队消极怠工、未完成业务增长目标、销售团队人员高度流失以及销售薪酬方案较低的影响力。对一些团队而言，糟糕的定额设定存在一种多米诺骨牌效应。如果出现几年无法完成目标的情况，会形成公司绩效萎缩的趋势。定额设定最终会影响到公司的顶线增长（收入增长）。

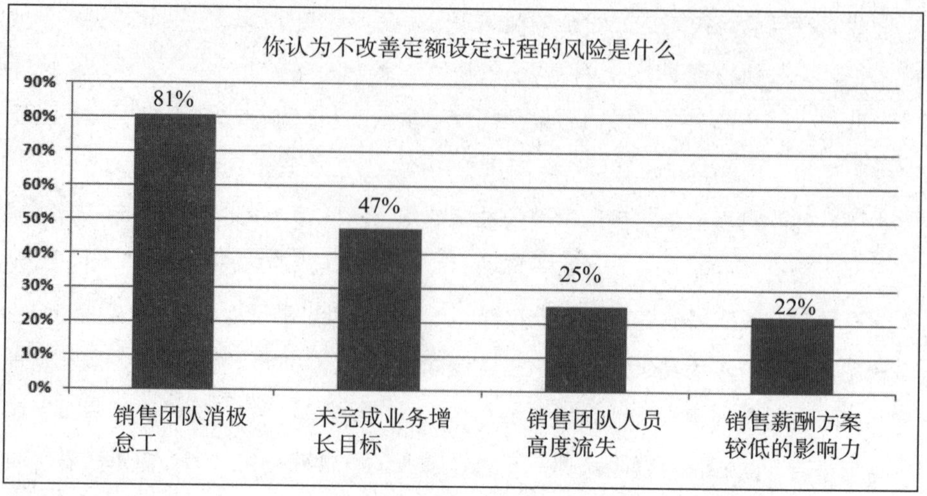

图 6–2　不改善定额过程的风险

取证：你有定额问题或销售效果问题吗

有时从表面上看这是定额问题但实则不然。我们回顾一下第 1 章中介绍的收入路线图，从中我们可以看出，下游赋能层级的定额问题实际上可能是更靠近上游的客户覆盖或销售策略层级中的某个销售效果出问题的征兆。当你考察本团队的定额绩效时，站在团队的角度，给你留下第一印象的应该是定额完成情况分布直方图（如图 6–3 所示）。

图 6–3 显示的是一家技术硬件公司达到某一定额完成百分数的销售代表人数。百分比按照 10% 的递增幅度将销售代表划分到一个个绩效组中。该公司销售代表从定额的 20% 到 29% 开始的，一直到虚线甚至更高的组别。在大多数高绩效销售团队中，我们看到大约 50% 到 70% 的销售代表接近或高于定额，并呈现相当标准的或者说钟形的分布。这将确保大部分

组完成销售定额，而该公司在整体上也达到或高于定额。

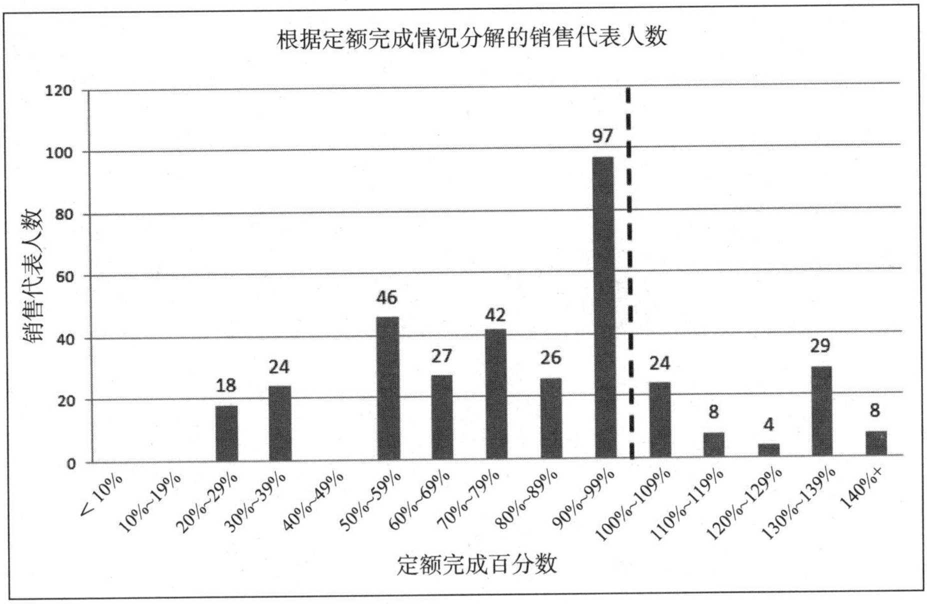

图 6–3　定额完成分布图

有时，一位高管可能觉得定额不应该是轻轻松松就能完成的事情，譬如大约 30% 到 40% 的销售代表完成定额便可以接受。虽然这种类型的分布依然在合理的范围之内，但它导致团队中的绝大多数人处在这样一种状态：销售人员将自己视为低于标准绩效者，从销售文化的角度看不属于最佳心态。销售团队也不太可能靠这种类型的绩效分布实现目标，而且很可能凭借定额的严重过度分配才能实现目标。

在图 6–3 所示的例子中，只有 20% 的销售代表达到或超过了他们的主要收入考核定额。这种情况在这家公司已经持续了一两年的时间，这显示该团队存在定额问题。这时疑问就来了："原因何在？这是一种什么情况？"大多数情况下，相关公司都能抓住要点并说："这种分布看上去太差了，所以我们需要修复定额设定。”但只有推断出深层次原因才有意义。看我们的吧！带上“胶皮手套”，娴熟地利用我们的取证工具，我们要考察在过去的几年里该公司的定额状况是如何变化的。毫无疑问，同比每年定额完成情况可以传递某些信息。

在绩效稳定的大背景下，一家公司或许期待看到销售代表的定额完成情况始终表现平稳。一位销售代表或许连续两年都是一个 100% 绩效者，趋势相当稳定，或者一些销售代表有可能始终高于或低于定额。但图 6–4（同一家公司的数据）显示为一种任意分布——完全随机。

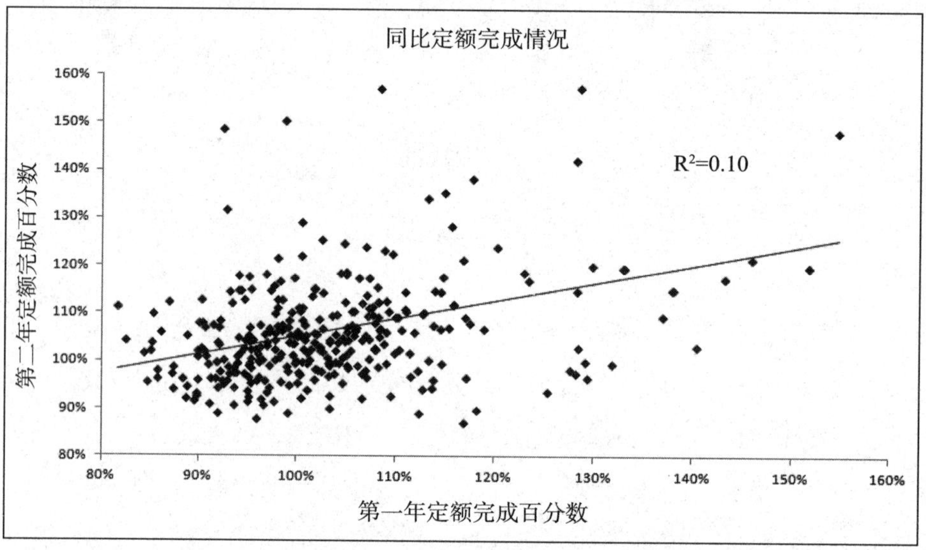

图 6–4　同比定额完成情况

在图 6–4 中，R^2 是表征趋势线与数据点匹配程度或对数据点解释程度的统计量度。如果每位销售代表前后两年的表现完全相同，那么 R^2=1.00，表示数据点完美贴合趋势线和完美的一致性。而 R^2=0.10 则意味着趋势线仅仅可以解释大约 10% 的数据点变化情况——这是非常低的关联状态。有人前一年的定额完成情况非常好，而来年却非常糟糕。这种随机模式持续了好几年。我们还对销售代表的定额实际完成数额做了同样的分析，我们看到了类似的分散分布类型。所以这一年，销售代表可能是定额高但完成百分数低，而下一年可能是定额低但完成百分数高。这有可能是定额过程对短期历史绩效做出反应的一个征兆。上述情况提出一个问题：这是定额设定问题还是绩效问题呢？

接下来，我们暂时不考虑定额分析，而是考察绝对销售绩效（如图 6–5 所示）。我们仅仅考察同期预订收入，不考虑定额，我们看到了一张非常不同的图表——同一群销售代表、同一个时间段，只不过现在考察的是销售绩效的对比情况。

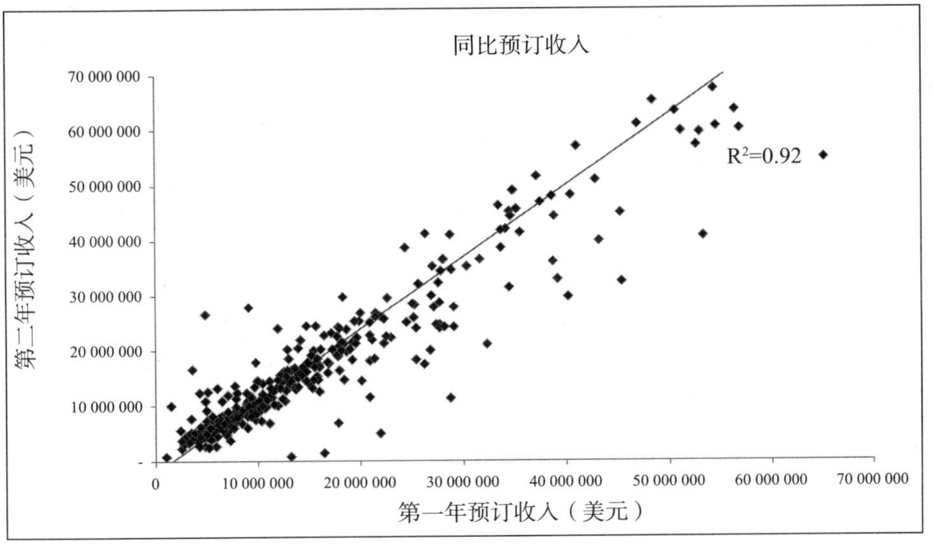

图 6–5　同比预订收入

我们考察了连续几年的绩效情况，并发现这种逐年积累的趋势愈发强烈。它表明人们在按照特定节奏工作，而且从实际预订收入绩效看，通常运行相当稳定。我们在砍掉其他一些绩效信息后发现，虽然该团队运营相当稳定，但销售绩效问题是真实存在的，而且相当一部分团队成员始终处在低预订收入水平上。这在很大程度上与销售人员的销售过程和相应角色的能力有关。

这家公司的定额设定过程并不清晰，一线团队的参与度极低，而且在很大程度上是以历史绩效为基准，后者导致同期定额出现引人注目的变化。我们还发现在几年的时间里，团队在目标完成情况上呈现下行趋势，而且很有可能在下一年就无法实现目标（如图 6–6 所示）。定额与绩效问题正在酝酿更大的公司绩效风险。

这种具有取证意义的信息阐明了定额设定征兆所具有的更广泛的含义，也解释了大多数类似这样的挑战都是定额和绩效问题综合体现的事实。

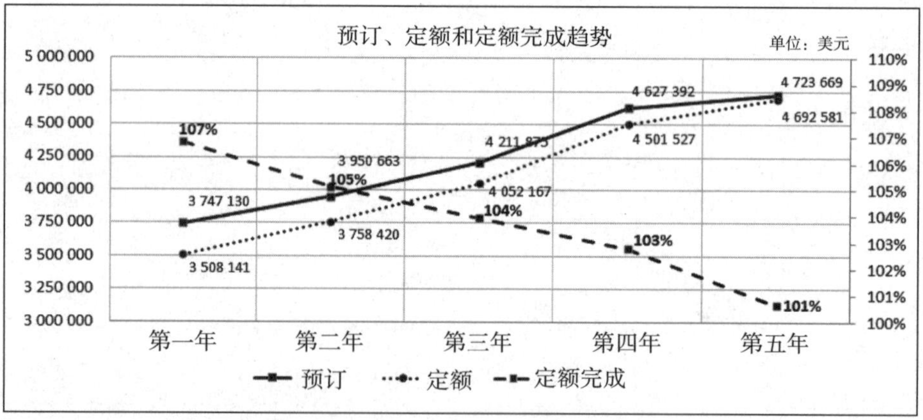

图 6–6　公司目标完成情况的下行趋势

定额设定的 10 个成功因素

那么是什么原因让定额的设定过程变得如此富有挑战性呢？我们发现在设定定额时，有 10 个问题会产生很大影响。了解个中原因并利用这些成功因素会帮助你为你的团队设定明确的定额。

透过数字看本质

当高管们设计出一个优秀的销售薪酬方案时，销售团队会围观和赞美这种最终亮相的产品。对设计团队而言，它不仅仅是一个销售薪酬方案，也是一个销售薪酬项目。对于那些开发这个方案的人而言，这是一项精致而错综复杂的工作，因为整个团队的销售薪酬方案可能就是一个复杂的和令人劳神的逻辑拼图。当销售人员看到方案时，他所做的第一件事是好好读一遍。

相比较而言，定额就是一个数字而已。它和销售薪酬方案具有同等程度的影响力，但它经常得不到应有的重视。它有可能是 530 万美元，也有可能是 2460 万美元，或其他数字。不管这个数字有多高和多低，我们知道有一件事是千真万确的：没有人真的喜欢他的定额。它既不精致也不复杂。数字设定背后的想法可能并不明显。站在一位销售代表的角度看，他的老板在对以前的数据做了一番分析和整理后，可能昨天才想好了这样一个数字。事实上，一个优秀定额背后的工作根本就不简单。你需要认识到定额设定过程的重要性，并且不要让其表面上的简单蒙蔽了背后的深意。

以人为本

当我们从本章开头探讨过的最大挑战的角度观察时，我们发现定额设定不仅关乎数字，也关乎人和过程。如果销售经理和销售代表两眼一抹黑，或者如果他们投入的资源并未在结果中体现出来或给予解释，那么你让他们感受到的只是一个数字。如果他们了解这个过程，这个过程其实是透明的，他们有投入，而且他们看到了他们投入后的结果，那么通过这种方式确定的定额能让所有人更好地接受。

引入适合的团队

与销售薪酬相比，定额涉及一系列不同的参与者。在销售薪酬设计过程中，销售资源或人力资源经常处于主导地位。这样说也许有些对不住全世界的财务团队，因为很多定额设定过程自始至终都有这些非常聪明的财务人员参与其中。很遗憾，财务工作——与一线团队的工作不同——很少像市场机会那样显眼。相反，财务愿景通常被设定为投资者对增长的需要。财务经常需要遵从某种市场敏感性的指导，以确保定额设定团队（包括财务团队）是以市场机会以及企业增长预期为导向的。

杰伊·克隆普美克（Jay Klompmaker）是北卡罗来纳大学教堂山分校克南弗拉格勒商学院企业管理学终身教授。财务人员和一线销售代表是必须包括在定额设定过程当中的。他把这种必要性用一个古老的寓言故事做比喻：一群盲人摸象，每个人只能摸到大象身体的一部分。“一组人摸到象腿，感觉那是一棵树。另一组人只摸到了象鼻子，感觉那是一条蛇。不过多元观点对于了解整体形势是至关重要的。所以当引申至定额设定过程时，你必须把上层人员和一线团队包括在内。如果你把两个群体包括进来，你便会对将要发生的事情获得更加清楚的了解。而且，当销售团队在定额设定过程中发挥一定作用时，你将得到来自他们的更多认同和积极的参与。”他说。

不要迷失在传统中

其中一个最通行的定额设定方法就是“我们年年都是这么定的”。这种人人熟悉但充满瑕疵的定额方法就像在感恩节的时候碰到了不想见的上了岁数的阿姨。她招摇、惹眼，既不漂亮，又不招人待见。好在我们每年过节只跟她打一次照面，就这么着吧，这总比我们每年搬一次家容易多了。如果你的定额过程没有效果，一定要做一个变革的拥护者，而不是传统的捍卫者。

获得自下而上的观点

其中一个最简单的设定定额的方法是将庞大的公司总体定额分解，并以一定的比例向下分配给团队，例如按区域大小或总销售额的份额分配。虽然很简单，但它也是自团队上层一直延伸到一线团队的单行道，通常会给一线团队带来割裂的和勉强的定额所有权。通过把自下而上的观点与自上而下的期望结合起来，你便可以仔细考虑来自一线团队有关客户机会的具体信息，并使其与一种总揽全局的观点保持一致（即这种机会如何契合市场和市场增长的整体宏观预测或趋势）。

安迪·萨默菲尔德（Andy Summerfield）是英国最大手机运营商EE（Everything Everywhere）的销售总监，他遵循一个自下而上、自上而下的定额设定过程。“我们选择一个符合预算水平的设定目标，”他说，“因此当我们在7月份这个时间节点自下而上为下一年度编制预算时，我们可以算出在现在的基础上会发生什么，我们可以容忍什么水平的业绩摊薄，以及在涉及收购时我们需要做什么样的补充预算。预算通常是排斥关键绩效指标以及那些直接转化为目标的指标的。接下来，我们通常会为所有那些模式设置缓冲，同时增加一些压力。我们的这个过程操作顺畅。如果所有的销售人员都完成了他们各自的数额，我们知道我们会轻松完成我们的预算。”

超越历史

大多数团队都是采取回顾历史的方式设定定额。历史销售绩效也许是定额的主要推动力，定额通常是通过截取最近一年的绩效并在那个绩效之上规定一个相当标准的增长速率之后确定的。这种历史方法是大多数绩效惩罚的源头，换句话说，会对上一年业绩优异的销售代表增加一种更高的期待。这种借鉴历史数据的定额设定还有可能创造一种“海豚模式”，即完成销售额和定额的过程每年轮番出现突飞猛进和急剧下降的情况。例如，一位销售代表在某一年获得了显著的收入绩效（飞跃），导致次年定额提高，该年度他的定额完成情况通常就很差（下降）。当然，这种情况接下来会导致第三年出现较低的定额，而在此基础之上会出现另一次绩效飞跃。这种模式会如此这般继续下去。你的团队要直面挑战，承认历史绩效但主动参与前瞻性市场机会指标的制定。

借助销售能力平衡市场机会

市场机会应当成为定额的基本推动力。具体来说，某一区域相对于其他类似区域的机会可以很好地提示你应当如何将总目标份额分配到每个区域。

区域机会指标可能是与收入潜力有对应关系的客户特征。例如，一家从事条码扫描业务的公司确认零售百货店的建筑面积和医院的床位数是预测自己的扫描业务解决方案的潜在年销售额的度量指标。通过把某一市场或区域内的所有客户和潜在客户套入一个公式，该公司便能得到一个覆盖所有市场或区域的相对销售潜力。但这一市场机会指标只能回答半个问题。而问题的另一半要靠销售人员完成一定业务量时所展现的实打实的销售能力作答。这种销售能力体现在每位销售代表每年工作的小时数、实际用于销售的时间与处理其他操作和行政事务的时间之间的比例，以及那些用在管理环节或结算环节的销售时间的生产率。

15 年前，爱玛客的杰夫•康纳手下有一支销售团队，销售代表从 25 人砍到了 15 人，但定额却提高了。他介绍了当时的情况：

> 当时我的顶头上司具有某种勇敢的领袖气质。他走入会场说："我要废掉原来的定额。我不知道什么样的定额合适。但我知道你们这个团队是我的王牌之师，我们还有一个很大的市场。现在，我的目标是 1 亿美元，你们一共有 15 个人。所以你们乐意的话可以算一下。但我们没有定额，我也不按照定额考核。我想看一看我们作为一个团队到底有多大能力。"
>
> 你能猜到那年的结果吗？这个团队拿下了 1.27 亿美元的销售额。到目前为止，这都是最好的业绩——人均最高——而且我们并未为任何人设定定额。团队有一个目标，还有一个配备若干销售人员的团队，但针对那个目标并无奖励手段。薪酬方案配得上他们的业绩。在某种程度上，他解放了这个团队。当你和你的属下说："你们是顶尖员工，我只是不知道你们能做到多好。"这番话语是一种强大的启动器。他是一位激励者和一位非常优秀的团队建立者，也是一位充满激情的领导者。我认为并不是每个人都能获得这样的成功。

通过了解市场机会和销售能力并实现二者的平衡，你可以获得设置定额的多维视野。

令定额设定方法适应客户类型

一种定额设定方法无法适合所有情况。尽管一种更为缜密的、标准化的定额可能非常适合采用交易型销售过程的小客户，但一种大致属于自下而上的市场机会方法可能更适合中型客户群。在接近客户金字塔的顶部区域，基于在客户方案中开发的信息和策略设定的全国性客户销售定额可能更加精准。这个客户方案可以提供定额设定所需要的资源，而且还可以用作销售经理为属下客户经理们准备的规划与训练工具。为每一种类型的客户群或市场选择一种合适的方法。

让你的方法具备可扩展性

一家与我们合作的电信公司重新设计并实验了新的定额过程，它将自上而下和自下而上的资源投入、预测市场数据以及整个团队完成定额过程的精确步骤结合在一起。它在实验阶段运行良好，只是公司在全面推行之后发现这个过程太过复杂、精细，而且不太实用。因此这个在封闭环境中完美工作的过程无法完整地推广到整个团队。而且它增大了对人工管理步骤和非扩展环境中未涉及的特殊情况的工作负荷要求。不过过于简化也会出错。面面俱到可能不会更加准确，但当然可以比使用一个简化方法更容易发挥每个人的优势。

不要极端过度分配定额

最近，一位来自财富 100 强运输公司的销售主管问了我一个非常直接的问题："为什么我们的首席财务官向华尔街报告说我们完成了本季度的收入计划，而领导层却批评我们说一线团队没有完成计划呢？"经过我们的一番考察，原因终于水落石出。这属于定额的极端过度分配问题。

所谓过度分配是指让销售目标覆盖整体业务的方法，由于销售目标要被分配到下一级管理层级中，所以它会比总体目标稍高一些。所有特殊的、非重叠的一线销售定额的总和与公司总体目标的比值是衡量定额是否过度分配的一个简单手段。例如，一家公司的企业目标是 10 亿美元，而所有一线团队的定额是 10.5 亿美元，因此企业目标过度分配了 5%。大多数团队从总体目标到一线定额的过度分配在 3%~5% 之间。这一小小的过度分配就像购买了一份保险。如果销售经理属下的一个销售岗位在一段时间内保持空缺，且没有人有效填补相应区域，那么这种过度分配便会弥补亏欠的定额。如果一位销售代表的定额完成情况急剧下降，这种过度分配也会部分弥补绩效差额。

一定限度内的过度分配可以保证团队定额的履行走上正轨。然而，当定额在太多层面极端过度分配时，它还会给一线团队带来畸变。以前述运输公司为例，该公司目标的过度分配已经到了相当严重的程度，高管层和一线团队看到的是两种不同的现实：高管层面前阳光灿烂，而一线团队头顶则是阴云密布。让你的定额分配保持良好状态，这样高管和销售代表才能与公司共享成功。

从借鉴历史到机会驱动

定额设定方法随市场和客户类型的不同而有所变化。所涉及的方法可以是一刀切、借鉴历史，也可以是从市场机会的视角入手（如图 6–7 所示）。

1. 扁平式定额在适当的条件下既简单又有效。一个团队经常在初始阶段或进入新市场时采取这种方式或方法。每个人都收到相同的定额，因为它假设所有机会和资源都是平等的。虽然从表面上看这似乎是一个相当简陋的方法，但它在拥有不受约束的机会（有丰富的销售潜力，而且销售代表的能力也类似）的环境下是有效的。扁平式定额方法在新业务开发条件下很常见，销售代表不存在需要管理的现有业务基础，而且对于他们的销售机会也几乎没有限制。它符合适者生存的法则。

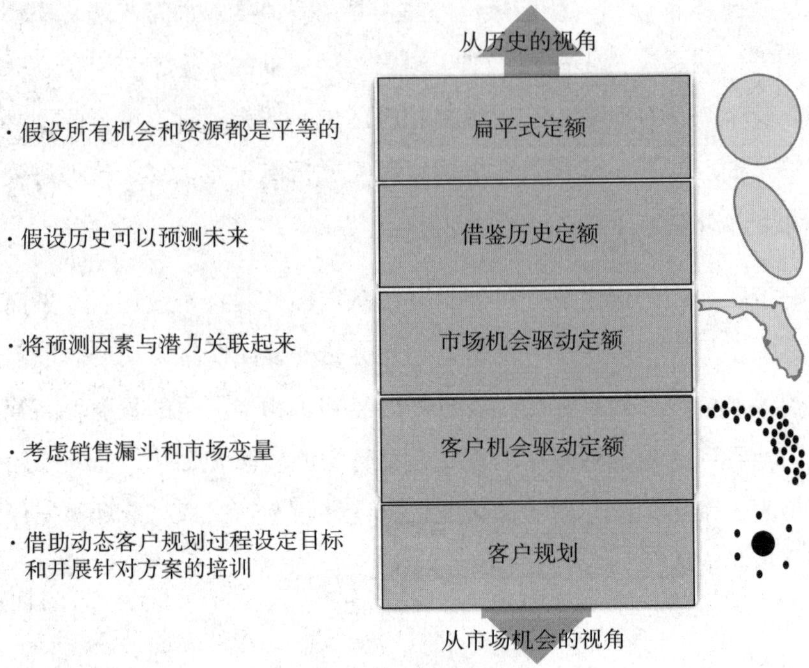

图 6–7　定额设定方法

2. 历史借鉴定额是公司最常采用的方法，不过它们因假设历史可以预测未来和市场潜力而带来某些严重问题。这种方法创造出可以再现历史的定额。绝大多数公司单纯采用历史借鉴定额设定过程，或辅之以其他方法。虽然历史经验是定额设定的一个很好的起点，但更应该借助将注意力转向未来的机会把历史经验发扬光大。
3. 市场机会驱动定额的确定首先要通过历史信息搭建起框架，然后基于市场特点加以完善。市场机会可以考虑用能够显示某个客户那里可能存在多大机会的潜力预测因素表示。例如，一个客户工厂的雇员数量可能与收入潜力有对应关系。类似这样的因素有可能成为一个更大型的预测模型的一部分。这种模型或者评估一个区域的潜力，或者将该区域与其他区域做比较以帮助在那些区域妥善分配目标。这种方法在面对相当数量的客户时都是有效的。

4. 客户机会驱动定额既考虑市场特点也考虑客户的特点。一个销售团队可以通过审视收入保留的来源、渗透、新客户获取以及既有的和有计划的销售漏斗，采取自下而上的方式构建客户机会要素。而那些业务增长评估可以与通过自上而下的方式提供的整体市场情报以及与增长预测相比较。该公司还可以考察销售能力和销售代表捕捉客户机会的能力。
5. 客户规划可以用于业务增长规划、培训方案涉及销售代表，当然也可以用于设定针对客户的定额。在存在少量大客户的情况下，这一过程是有效果的。客户规划方案提供客户增长目标的信息以及销售团队用来发展客户关系的策略。

通过考察并结合这五种方法，团队可以开发匹配每种类型客户群的定额设定方法，并增加完成公司总体销售目标的机会。

你需要向你的团队问与定额设定有关的五个问题

1. 我们当前如何针对每个客户群和客户类型设定我们的定额？
2. 我们设定定额是以历史的角度还是从未来销售潜力的视角出发呢？
3. 我们所面临的挑战是定额问题还是更广泛地销售绩效问题呢？
4. 销售经理和销售代表如何参与到定额设定过程中？
5. 如果我们改变了定额设定过程，它又如何影响总体绩效呢？

WHAT YOUR CEO NEEDS TO KNOW ABOUT SALES COMPENSATION

Connecting the Corner Office to the Front Line

第 7 章

销售管理层的管理

了解销售角色和奖赏

劳伦带着几分熟悉和自信的感觉走进医生办公室。她走到接待员面前，礼貌地介绍自己，但很显然这位接待员认识她。而此刻，我正跟随某家大牌医药公司的一位高级销售代表在西洛杉矶走访医疗机构，这是当天上午的第三站。

“这些医疗机构对销售代表的限制越来越多了，”劳伦告诉我，“过去医生们很乐意和我们交流，但现在连抽出几分钟时间更新联系信息都很难。工作负荷和行政工作越来越多，接触患者的时间越来越少，护士的工作内容也超出以往，因此想从医生手中争取一点儿时间难上加难。非常幸运的是，我已经建立起了一些非常密切的联系，他们也知道我并不是在浪费他们的时间。”作为一位高级销售代表，劳伦已经做到销售经理一职，但她最近又回到了一线销售团队。

“为什么你要重操旧业呢？”我问。

“如果你做得好，你的职场之路通常是先做一个地区销售经理，而且几年后很有可能担任另一个管理层角色。当一名经理是很棒的体验，但最终我还是承受不起这份机缘。与你所能获得的薪酬相比，当一名地区销售经理更多地体现一种愿景。但干销售代表，我能挣到更多。”

劳伦曾经和丈夫探讨过，担任经理职务固然是一个不错的选择，但当钱紧时，还是改弦易辙更好些。“最后，经济上的考虑占了上风。虽然我也在担心怎样让自己的收入回到之前的水平，但承担额外的责任并占用几个小时的时间管理人，还要为他们的问题担忧，我只是觉得这样做没有意义。”她说。

在与其他销售代表做过类似的交流之后，我和公司的首席战略官（CSO）举行了座谈，类似劳伦的情况在该公司很常见。他说：

> 很遗憾，我们无法让销售管理岗位充分吸引公司内部最优秀的员工。我们通过管理层为他们指引职业道路并和公司共创未来。但坦率地讲，他们当前作为高绩效销售代表已经做得非常出色，我们只有努力让销售管理岗位在收入上更具吸引力才能实现我们的愿景。
>
> 当我们把他们提拔至管理层时，我们期望他们计划好自己所负责的业务，指导和发展他们的团队，并完成某些相当具有挑战性的增长指标。但在大多数时间里，他们的指导方式是继续与销售代表一起开展销售拜访并深入一线参与交易，而不是教给他们如何开展销售活动。这就好像我们带着一群迈克尔·乔丹并请他们当个好教练。他们中的大多数人更善于在战场上展露才华而不是站在场边指挥。

当我们与首席战略官探讨这种情况时，我们发现解决方案在于把以下因素结合起来：定义一个成功的销售经理角色，确认符合这个角色人选的轮廓特征，以及为销售经理开发富有吸引力的价值定位，这样才能使一位高潜力的销售代表顺理成章地采取后续步骤，并在管理岗位站住脚。

销售经理不只是大号销售人员：他应该扮演什么角色

顶级销售人员未必成为最好的销售经理，但这经常是各公司为销售人员设计的职场道路。在绝大多数情况下，不再做销售业务之后，那些新晋销售经理们都在拼命适应领导角色。

爱玛客的杰夫·康纳说："销售经理在成为经理之前，通常都是成功的销售人员，但他们几乎都不是最成功的销售人员。对于始终努力成为一线王牌销售代表的人，他的转型领导者之路通常都不畅通。不过顺便也要提及，他们也从不平庸。你很少能看到一位平庸的销售人员转眼之间便蹿升到领导岗位。"

Mohawk Commercial 是一家上市公司，专营地板业务。阿尔·卡布斯（Al Kabus）是这家公司的前总裁，他对杰夫的说法表示赞同。他认为：

> 从一位销售人员到一位领导者是你的一段转折期，这是一次真正的挑战。你通过销售职业正常的进阶升任区域经理，再到副总裁，而且有可能得到高层首肯，负责一个部门或者成为总经理或总裁。销售人员经常因为他们优秀的销售业绩得到提拔，但不足以让他们成为卓越的领导者。
>
> 在我看来，所谓领导能力可以包含三方面的内容：第一，你需要展现你的成果；第二，你需要为你的团队和企业消除获得那些成果的障碍；第三，你需要慧眼识才。你必须确保适合的人出现在适合部门的适合岗位上，而且你必须致力于让他们在你的监督下表现更好，而不是保持你到来之前的老样子。

成为一位高效的销售经理所必须具备的技能和能力不同于对一位成功的销售人员的要求。当我们审视一位成功的销售经理所应具备的素质时，这些素质通常包括下面将要讨论的才能和资本。

他们知道如何当领导

很多顶级销售人员都是凭着他们在销售上取得成功的那种绝对冲劲进入管理层的。但正如我们在大多数管理和领导角色身上所看到的那样，那种让一个人晋升到某个角色的动力与令其在那个角色努力发挥作用的力量可能存在很大差别。

销售经理必须完成从做销售到领导销售过程和团队的转变。如果一位经理利用他在销售方面的卓越才华领导团队，但到头来只是与属下一起做销售而不是领导他们，那么他很快将受到自己实际销售能力的制约。一位好的销售经理应当具有高瞻远瞩的气质，跳出个人销售的小圈子，通过领导能力在团队内展示自己的才华，一些公司使用混合型销售经理的角色，即这个人既有领导责任也做销售。虽然这是一个很不错的过渡战略，而且可以让团队将销售经理的部分成本与他的特殊定额匹配起来，但长此以往，该团队培养出来的都是不会飞的笨鸟。那些继续让自己的销售经理闷头猛跑而不是充当指挥员的公司无法充分利用他们的领导能力，也不会看到团队销售效率的提高。

北卡罗来纳大学克南弗拉格勒商学院教授杰伊·克隆普美克有如下的表述：

> 我们通过研究知道，销售人员都有一种非常强烈的自我内驱力并为成为一名优秀的销售人员感到自豪。所有伟大的运动员都具有这样的气质。他们的自我内驱力在驱使他们。当然我不是在指这种内驱力的负面效果。我的意思是他们从卓尔不群中获得个人的满足感。他们内心的目标非常明确，他们也为个人的努力正在推动那些结果感到快乐。
>
> 但作为一名销售经理，他们需要有欣赏他人取得成功的个性和

能力，因为他们的职责是让和他们一起工作的人都取得成功。我希望看到那些家伙把自己的风险和利益同团队捆绑在一起，这样当他们的销售人员获得更高水平的奖励薪酬时，他们也能见到回报。他们获得一定份额的奖励，或者说与此相关的一种考核手段，这样他们的总薪酬便通过某种渠道与属下销售人员的成功关联起来。

他们为团队的发展奉献战略思维

一位成功的一线销售代表为了完成自己的定额可能需要 20% 的战略思维和 80% 的努力争取和执行力。不过，销售经理不能拘泥于这个比例。僵化的管理方式对这个团队实现目标没什么帮助，同样，在团队人才和适当的市场机会相匹配的基础上，开发和实施一项高效策略所带来的效果也大致如此。一位高效的销售经理必须按照收入路线图中一线经理人的角色工作。虽然销售策略层级可能一直是由团队决定的，但他必须在洞察力层级开发一种系统方法来感知客户的需要，在客户覆盖层级设计他的销售过程和部署他的团队，并在赋能层级通过适当的教育和工具获得支持。

对大多数新晋销售经理、有经验的销售经理和销售总监们而言，这种类型的思维方式并不是天生就有的。优秀的销售团队会教育并培训其销售经理，让他们像计划者和领导者一样思考问题，并为他们提供必要的工具，以免当团队制订增长计划时出现猜测、麻烦和错误。

他们在规划和系统解决客户问题方面拥有创造力

上述策略和规划并不是一个呆板的过程。它需要创造性解决问题的方法以及灵活性和适应能力。为了将其描述得简单些，大多数销售人员要么缜密操作，推动销售漏斗和销售额，要么根据直觉鲁莽行事。当一位销售人员在职业生涯中取得进步的时候，例如，从负责中小客户的交易型销售人员到负责大客户的战略销售人员再到一个销售团队的领导者，他也逐渐做出改变——从主导分析和执行的左脑思维过渡到创造性解决问题的左右脑综合思维。如果这位销售主管在操作时偏向某一边，譬如说太偏重于理性分析或者太偏重于直觉，那么在管理这个团队时他就要承担出现不平衡的风险。

一位高效销售主管会培养自己的能力：创造性地规划团队实现目标的途径，以及创造性地和经常性地解决客户问题并将自己与竞争对手区别开来。我们自己开发了一个名为“创造性销售商数”的方法，并借助这个方法帮助销售主管采用一个经过验证的、创造性解决问题的过程，为他们的业务开发更好的策略。为了开发客户解决方案并赢得交易，它还帮助一线销售人员和销售团队快速创造新方法。它把左脑思维的销售过程与一种可以预见的创新并与竞争对手区别开来的方法相结合。如果一个销售团队只是重复以前做过的事情或者模仿竞争对手，那么它仅仅在维持现状并陷入由竞争对手制造的白噪音的包围之中。

他们在培训和发展团队方面发挥作用

培训是销售经理的一个关键角色。然而，在涉及培训的问题上，很多公司都是说得多做得少。在最近由 SalesGlobe 开展的一项销售主管调查中，84% 的公司将培训列为对他们的团队“非常重要”或“销售制胜最重要的因素之一”。尽管它的重要性毋庸置疑，但当我们调查经理们把多少时间花在培训上而不是自身角色的其他活动中时，我们经常会感到困惑，因为他们认为培训只不过是他们所承担的其中一项责任而已。

实际情况是，对大多数经理而言，把时间花在培训上是一种挑战。由于存在时间限制、优先顺序、习惯或逃避等想法，销售经理不会把必要的时间投入到培训上。我们与销售主管探讨销售经理们应该花多少时间培训他们的团队。调查结果显示，大多数（占 63%）主管说，他们的销售经理应该把 30%~40% 的时间用于培训。但现实是，多数销售经理用于培训的时间仅有 15%（如图 7–1 所示）。

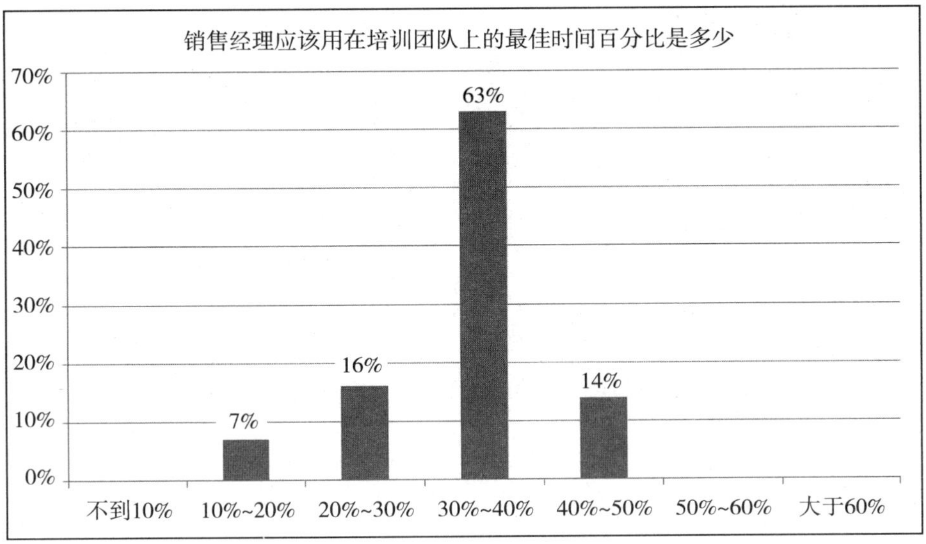

图 7–1　最佳培训时间

那么从销售经理手中夺走的培训时间都用在何处了呢？同一份调查结果还显示（如图 7–2 所示），如何利用这部分时间是一个重大挑战。销售经理之所以缩减培训时间是因为他们忙于其他管理责任（70%）——通常是行政或运营性质的；或者忙于其他销售责任（47%）——显示他们实际上在做销售工作。另一个挑战环节是把培训作为一个优先责任，因为经理们通常并不专门抽出时间开展培训（40%）或者并未被要求开展培训（14%）。最后，即便有时间，销售经理们可能也不知道如何让培训有效率（44%）或并不掌握一种培训方法（19%）。

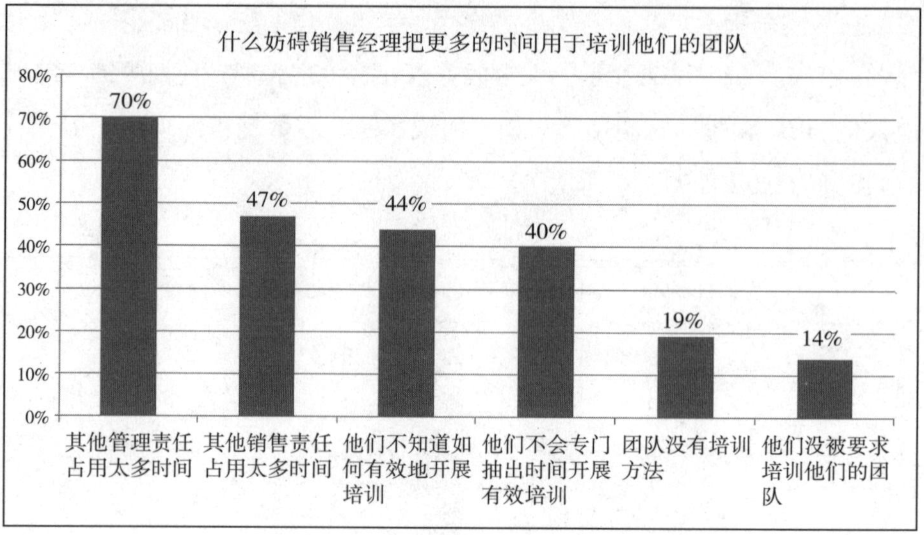

图 7–2　销售培训障碍

让销售经理们关注培训的具体做法是领导层明确培训责任、编制培训计划、寻找适合团队的方法、腾出可以用于培训的时间，并让过程透明化和方便考核，这样团队便可以在有效的培训之后开展行动并见到结果。

他们掌握销售技巧

是的，销售技巧依然是销售经理角色的重要组成部分。从一线销售经理一直到公司 CEO，各个层级的领导者在直接客户销售和关系管理方面继续扮演关键角色。在第 5 章中曾经介绍过一个案例，公司的 CEO 与那位全球客户的伦敦总部 CEO 试图建立起联系。这个案例其实就阐释了高级领导者所承担的一个很普通的角色。由于销售团队是针对客户的需要建立起来的（团队成员与客户的团队成员形成对应关系），所以销售团队做的每件事都需要与客户的组织结构全面对接，就像篮球队中娴熟的人盯人和区域防守战术。虽然销售经理应当抵制插手具体销售事宜的诱惑，但他应当在销售代表的工作层面或更高层面构建关系时不间断地发挥作用。

销售经理在公司内部还扮演重要的销售角色。正如阿尔·卡布斯所描述的那样，销售经理其中的一个重要角色是为销售团队消除障碍。这意味着，他要想方设法让销售人员将注意力集中在销售上而不是其他非销售角色和各种干扰上，这样他们便可以完成为他们设定的目标。消除障碍经常涉及内部销售和编制典型案例，有时还要令人信服地摆出团队必须改变之前做事方法的理由。因此，销售经理确实需要继续像销售代表一样工作，当然那只是其所有工作内容的重要组成部分。

靠什么激励经理人

在考察从一线销售代表到管理层的职业道路时，我们发现激励因素会发生显著改变，从短期现金奖励过渡到推动更具战略性业务视角的奖励。公司没有仅仅盯着本地区的季度绩效，而是希望销售经理将关注点过渡到创造可持续业务增长的中期目标。当然，当季收入和利润绩效总是最令人关心或者接近最令人关心的内容，但未来的持续发展也与在一段时间内做好团队的规划与发展有关。

为了实现这种战略观点的转变，公司必须让销售经理做好按照收入路线图上部层级的那些要素思考和工作的准备。除非公司已经有所准备，否则无法要求一位从销售人员提拔到管理岗位的顶级绩效者在周一一早炫耀自己新经理的身份，并期待他做任何事情，但唯独不阐述他对经理工作的认识。很多公司都有销售管理层发展计划和管理学院培养这个新角色的能力。但如果一位经理依然局限于源自奖励支持的短期目标，那么团队便有可能错失收入路线图赋能层级的某个步骤。

公司必须把业务视图与适当的激励因素匹配起来。CA Technologies 是一家 IT 管理软件和解决方案公司。BJ·沙克诺夫斯基（BJ Schaknowski）是这家公司的解决方案销售副总裁。他承认留住最佳销售代表可能是个问题。他说：

> 没有养老金计划。公司甚至不能像 10 年前那样送出股权。对于一位高绩效者而言，现实情况是公司为他们准备的内部上升轨迹无法与他们的外部市场开拓能力保持同步。让他们的内部上升轨迹与他们的市场机会保持一致，以确保市场机会的轨迹不会超过他们的内部上升轨迹，只有这样你才能紧紧抓住他们。
>
> 通常，最终会出现的结果就是这样的——甚至对于一个充满工作热忱和积极性的年轻销售主管也是如此：如果他未看到下一步——职业发展——他将另谋他职，即使去一个层次更低的公司也不会后悔。我们花了大量的时间讨论这个问题，并开始通过公司内其他领导职能让销售人员循环起来，这几乎就是做了一个循环发展计划。我们试图创造一种人才文化——我们称之为“流动性”。它可能是横向流动的，但如果你得到机会做了很多相同层次的工作，这就是在培养你。当下一个高级岗位开放时，你就是最合适的人选。团队内部的横向流动——除了要特别留意财务岗位之外——将帮助你留下最棒的员工并扩大他们的技能组合。因此当他们回到销售团队后，他们已经成为出色的全能领导者，而且他们对团队内部其他人所感受到的驱动力也有了清楚的了解。最后，你会发现，这是接班人计划最好的识别工具。

销售经理的职业“薪酬”超出了短期奖励的范畴并结合了可以把经理人和业务目标匹配起来的若干重要内容。让我们审视一下销售管理层薪酬，以及你如何利用这些要素激励经理人（如图 7–3 所示）。

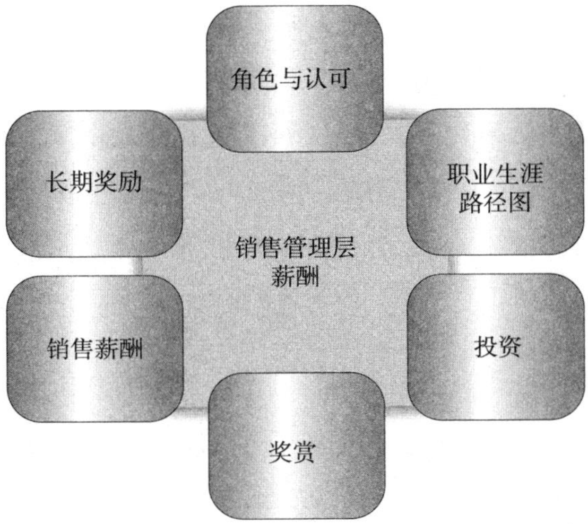

图 7-3 销售管理层薪酬

角色与认可

基于自己在团队内不断增加的责任感和不断提高的地位，销售管理角色本身便可以成为一个激励因素。当我回想起小时候参加童军的经历时，我就想过若要进入高层到底意味着什么——一边在阴冷的森林里露天宿营，一边聆听附近郊狼的嗥叫，还要负责数不清的任务，但经过几年的磨炼终于成为了鹰级童军。回报是成就和承认（我记得参加童军活动是没有任何报酬的）。那些推崇管理工作进步和尊重个体成就的公司会提高销售管理角色的价值和奖励。

在提拔到销售管理层之后，团队便有机会对重大成就给予特别认可。有些高管把对属下的认可视为自己领导风格的一部分，认为会很自然地流露出来，但如果团队领导者以一贯的方式主动表达出来可能效果更好。例如，一家技术公司的 CEO 告诉我们一个简单的两段式方法，他建议他的销售高管用在下面的销售经理身上。第一阶段采用书面形式。他建议他们每隔一段时间亲自写一封短信感谢经理们。在一张便签纸上简单写几句话，然后放在经理们的办公桌上，这是表达自己的一点心意，它远比一封电子邮件来得真切。这位 CEO 还提到，如果使用得当，这些便签会产生持久价值。他介绍说，他到销售部门考察时，还能看到他当初写的便签钉在经理办公室的公告栏上，已经保存了好几年。

这位 CEO 建议方法的第二阶段是给销售经理们留语音邮件，对他们最近取得的某些成就表示感谢。他还利用从机场到办公室之间的出差间隙打几个感谢电话。如果他和他的销售高管并未打算采用这些可能显而易见且简单的方法，那么他们便有可能为他们的工作节奏所拖累并错过那些机会。在一系列可能的、真挚的认可方法中，一张亲自写就的“感谢你们”便签或一封邮件几乎没有什么成本，但对任何形式的认可都有可能产生巨大影响。

职业生涯路径图

成功提拔到销售管理岗位的销售代表在职业生涯中已经迈出了重要的一步。以后这种经历还会有更多。销售管理层的职业生涯规划实际上可能更像一份职业生涯路径图，它伴随着刻意的谋划和计划，而且潜在的路径不止一条。丰富多样的选择可能为个体和团队创造令人欣喜的机会。很多团队都有一条陈旧的路径，它明确规定销售人员如何才能晋升到地区管理层、区域管理层和更高的管理岗位。在这些团队中，当传统的职业道路上出现拥堵时，这个问题便有可能出现，即如何提拔具有高潜力的人才。一份拥有替代方案的职业生涯路径图将开辟新的可能性。

在销售团队中，伴随客户群、服务和产品日益提高的专业化程度，直接与客户交流的新途径开始显现，这种趋势对公司越来越有价值。在绝大多数公司中，销售运营属于通过增加整体生产力水平扮演关键赋能销售角色的一种职责，对合格人才有迫切的需要。事实上，在团队内部吸引高端人才是销售运营所面临的最大挑战之一。销售运营团队的角色已经变得更加清晰和专业化。我们研究发现，有超过50%的公司在销售运营中重点关注绩效分析、销售过程定义、客户关系管理与工具开发、销售薪酬和销售团队培训等。在这些公司中，超过40%的公司都有专门为这些功能组建的团队。这一事实表明，在销售管理层的职业生涯路径图中存在大量潜在的路径。标注出未来的机会、强化这一信息并持续提供职业咨询可以提升销售管理层薪酬的前景。

投资

该销售薪酬要素通常都是存在的但常常不受重视。从参与管理之日开始并继续贯穿他们的职业生涯，销售经理会获得大多数企业的投资。罗恩·科克斯（Ron Cox）是两家公司的前CEO，一家是从事全球雇员开发业务的AchieveGlobal，另一家是为全球80多个国家的销售、支持和服务专业人士提供行为及绩效咨询服务的Acclivus。他对这种投资有自己的看法：

> 将一位顶级销售人员提拔到管理岗位可能带来双重效果。作为领导者，你从一线团队选拔了一位顶级收入创造者，接下来要么看到一条标准的管理层学习曲线，要么承担选拔失败的风险。一种同样非常有效果的替代方案是采取把其他专业的优秀经理人调入销售管理层这样非传统的举措。起初我们遭到很多抵触，也收到过这样的反馈“他们根本没有销售领域的经验！”但事实证明这种方法卓有成效，因为它奠定了另外一条通往高管岗位之路。

除了公司需要承担的风险之外，可以把资金投入到管理层发展计划中——对公司很重要的特殊项目、增加经理人工作经验的工作轮调，以及与大学联合开办培训计划等。虽然公司的这笔投资是为了获得未来的某种回报，但它还可以增加经理人作为一个领导者的个人价值。在此类薪酬中，要重点关注这种投资给经理人带来的价值。

我们看到，评估针对经理人投资的一个好方法是与一家从事信息解决方案业务的公司合作。当高级领导团队审视损益表的销售费用环节时，很显然，他们每年都把很大一部分资金花在他们的销售管理团队上。在过去的几年里，为了应对销售领导层所面临的挑战，他们安排团队成员到几所顶尖的商学院参加一系列案例研究计划的学习。他们还在几个协会注册了企业会员资格，包括参加面向经理人的专题演讲。他们甚至花钱为一些具有很高潜质的经理人安排单独培训。然而，销售经理依然倾向于把注意力放在他们的直接薪酬上，尤其是当他们与其他构成竞争关系的团队内的同侪对比时更是如此。

公司决定把经理人每年的总体薪酬报表合并，其中包括公司用于培养每位经理人的投资。虽然一份总体薪酬报表并不稀奇，但公司为其增添了其他意味，通过它可以看出这些投资如何提高每位经理人的未来市场能力。这份报表不仅显示经理人如何充分准备遵循公司的职业生涯路径图，而且也表明经理人如何在公司之外的大市场中更好地与未来的职业道路对接。虽然一位经理人为公司之外的机会做好准备貌似有些风险，但公司相信销售管理层薪酬的总体要素非常强大，足以让团队成员与公司的未来保持一致。的确，如果一家公司能足够大胆地表现出如何下大功夫培养经理人，那么它当然也能充分确保它对经理人的价值定位保持强势。

奖赏

伴随着管理角色的成功，奖赏机会也不期而至，这一点与销售角色的成功非常相像。奖赏通常独立于核心销售薪酬方案之外，而且面向可能更具战略性或更具独特性的成就。奖赏应当与需要考核的奖励方案有所区别，意味着它的指标不应直接与所跟踪的销售薪酬方案重叠。例如，奖赏可以针对完成一项产品目标或一项并未在销售薪酬方案中明确列出的举措。对于销售经理而言，考核手段可能与销售人员的考核手段相同（如完成季度快速启动销售目标）或有可能专门针对管理岗位（如地区销售团队完成一个增长与发展目标）。

就公司提供的奖赏而言，非现金奖赏经常比现金奖赏更具冲击力。非现金奖赏通常比现金奖赏体现更加根本的和更容易被感知到的价值，而后者往往融入其他薪酬中并像付账单一样消散于无形。例如，一位经理预期得到 80 000 飞行积分可能比挣到 800 美元更受鼓舞，尽管二者所代表的价值是相同的。

那些飞行积分还阐明了出色的非现金奖赏所具有的另外两个特征。第一个特征是奖杯价值。尽管一位经理可能并不会向自己的同侪提及他获得了 800 美元的奖赏，但他非常乐意谈论正在计划利用自己的飞行积分设计一次特别旅行。第二个特征是出色的非现金奖赏在颁发时可以超出经理人的范畴，惠及他的配偶或家庭。这位经理有可能利用那些飞行积分预订一次去往妻子梦寐以求的某一目的地的旅行。考虑到一位经理人通常把时间都投入到艰苦的工作中以及家人所做的牺牲，家庭价值可以帮助公司团队中的家庭元素成为公司未来发展道路的基石。

销售薪酬

当然，销售薪酬是销售管理层薪酬的关键组成部分。销售薪酬相对于管理薪酬中的其他要素的重要性是不确定的，这要取决于公司文化。销售经理的销售薪酬符合同样的原则，而且可以与销售人员的薪酬方案使用类似的结构。然而，它们之间可能存在若干重大区别，其中包括在更高层级上跟踪绩效的手段；将团队、客户和战略目标结合在一起的手段；以及适应较长时间段的薪酬组合等。

需要记住的一点是，单纯依靠销售经理的销售薪酬会严重束缚销售管理层的薪酬，并给某个区分一线销售人员和销售经理的要素施加很大压力。这便是本章开始时提到的那家医药公司遭遇到的挑战，当时它恰好未能在高绩效的销售代表和初出茅庐的销售经理之间实现短期现金奖励的飞跃。

长期激励

大多数公司对它们的销售管理层团队以及他们如何培养和留住顶级绩效者都有一个长期看法。长期激励可以更好地匹配公司的和销售经理的评价周期。在此我们不会深入探讨长期激励的话题，它们只会以销售管理层薪酬中可能存在的要素被提及。对于那些希望进一步挖掘这一话题的人而言，有大量深层次的专业知识资源在等待他们挖掘。为了简单起见，在此我们将长期激励定义为一种在若干年内为若干年或一年的绩效支付酬劳的奖赏办法。

或许众所周知的长期激励工具是公司的股票，后者可以采取奖励性股票期权（拥有确定的协定价格和当前股价之间的价值差）或者股份或实际股票（二者都可以承载股票本身的价值）的形式。大多数利用股票计划的公司都提供一定数额的初始授予股份，有时会有后续授予股份——一般每年都有——提供给销售经理。公司授予的股份通常在若干年后转移至销售经理名下，或者根据销售经理特定目标的完成情况，如达到一个目标收入水平或者为公司打开一个新市场，提早授予绩效奖励。一旦奖励授予到位，当股票触及公司的协定价格时，销售经理将被允许兑现期权并享受股价升值的奖赏。除了上述半技术性描述之外，这种因股票计划而创造的奖励机制可以激励销售经理在自己的职权范围内发挥聪明才干，帮助增加股份的价值，从而最终增加奖赏的价值。由于这种情况通常在若干年后发生，所以销售经理应当对发展业务与创造财富具有更长期的认识。

一家公司也可以设计一个不涉及股票但具有以类似方式授予和兑现现金价值的长期激励措施。很多科技公司对销售经理提供快速兑现预期下的股票期权，但一家与我们开展合作的公司却将自己面向销售经理的计划定位为“缓慢致富计划”，它追求一种在疯狂的人才竞争中创造财富的稳妥方法。通常，一个长期的现金奖励计划包括几种属于公司层面或团队层面的基本考核手段，它们跟踪收入或利润增长绩效并为销售经理的投资组合（时间授予型或绩效授予型）赋予额外的价值。就像利用股票计划的方式一样，公司使用现金奖励计划培养经理人的长远眼光。

销售经理销售薪酬的几点设计思路

在设计销售经理的奖励薪酬时有很多选项需要考虑，但主要包括以下几种。

建立具有长远眼光的薪酬组合

对于销售经理而言，采用与一线团队的薪酬组合同样具有进取心的薪金奖励组合可以推动更短的评价周期。而为了促进更长期的管理和培训行为，销售经理的目标薪酬风险通常设定在较低的水平上。与可能更关心短期目标的一线销售代表相比，较为肤浅的销售经理薪酬组合导致他们很少做更具战略性和长期性的思考，这一点与杜宾犬型和寻回犬型销售人员的薪酬组合之间的差异很相似。

简单求和

将属下销售代表们基于相同考核手段的结果（例如收入）简单求和作为销售经理考核的一种直接选择。在这种情况下，销售经理的考核与他对销售代表的考核看上去几乎是相同的，只不过在销售经理的方案中，收入不是定义在个体层面上，而是定义在经理所能控制的（譬如说地区或区域一级）团队层面上。这种方法易于理解和沟通，而且团队中的每个人都是精确匹配的。各种简单的考核手段的求和是奖励的求和。

考察团队参与度

尽管简单求和方法考核的是销售经理团队的整体绩效，但它未必考核销售经理和销售代表如何完成考核。一种增加团队参与度的有效方法是，不仅考核总收入绩效定额，还要考核经理属下销售代表基于相同考核手段完成个人定额的人所占的比例。例如，经理的目标可能是属下 80% 的销售代表完成他们的收入定额，而且还要完成所有销售代表的总定额。如果 80% 的销售代表高出或低于定额的目标，这位经理的奖励将按比例上下调整。

通过考核团队在定额完成方面的参与度，销售经理有可能实现绩效最大化，具体做法是全面培训和培养他的团队成员而不是依赖少数销售代表的明星绩效。无论采用何种考核方法，一个团队都应该检验可能产生的行为。几年前，我们和一家大型商业服务公司有过合作，该公司的高管向我们介绍了他们采用这种类型的参与考核手段却未充分检验的经验教训。他们设定了销售经理的目标，即有一定比例的销售代表完成定额。然而，他们并未要求销售经理维持最低水平的人员编制，也没有为所有地区配齐销售代表。因此，有几位销售经理发现了这个漏洞，并解雇了低绩效销售代表却没有填补空缺。这种做法快速增加完成定额销售代表所占的比例，但采用的方式是错误的。该公司不是在推动销售经理培训他们的团队，而是迫使他们将任何未完成定额的销售代表清理出去，这种做法与公司的预期背道而驰。

使用影响损益表的考核手段

在审视组织结构图的较高层面时，我们发现考核经理人的手段通常会影响损益表的表现。虽然一个团队可以继续考核顶级绩效，但它也可以把影响毛利润或销售费用之类的盈亏底线指标的考核手段包括在内。它还可以把增加产品组合或客户组合的维度或合同条款等考核手段纳入其中，因为这些考核手段可能在整个客户组合中属于销售经理比销售代表有更大影响力和可见性的领域。

借鉴战略目标考核手段

战略目标考核手段还有可能在那些自身目标很难定量考核的销售经理身上发挥作用。例如，一位销售经理可能致力于获得从一个季度切换到另一个季度时的里程碑事件。这些关键事件通过高管判断可能比通过硬性数字指标完成情况更容易评估。再比如在一位销售经理的主持下，公司与一个新联盟伙伴签署了一项通过改造自己的软件产品适应银行业的要求进而促进公司发展的合同。与考核一项收入指标的完成情况相比，这种靠合同说话的方法可能让一位高管更容易做出评估。

这只是令奖励与销售经理的独特角色匹配起来的无数方法中的一个样本。当你思考激励销售经理的方法时，务必搞清楚对每一种类型的销售经理最为重要的角色，确定你的销售人才的最佳形象，并创造一个包括销售薪酬在内的令人信服的销售管理层薪酬。

你需要向你的团队问与激励经理人有关的五个问题

1. 销售经理最重要的角色是什么？
2. 我们应该如何定义我们的销售管理层薪酬呢？
3. 我们是在为我们的销售管理岗位选择匹配的销售人才吗？
4. 根据高管层的优先顺序，我们今年需要完成的目标是什么？
5. 销售管理层薪酬方案支持我们简单设计的优先顺序吗？

WHAT YOUR CEO NEEDS TO KNOW ABOUT SALES COMPENSATION

Connecting the Corner Office to the Front Line

第 8 章

做出变革

沟通和实施销售薪酬方案

吉姆是一家大型人事与劳动力管理公司的CEO。除了与首席财务官、总裁和销售执行副总裁梳理本年度的财务数据和下一年度的项目之外，他还要与他的高管们参加另外一次会议。每年到了夏季溽热的季节，领导团队都会坐在一起设计来年的战略规划。暑去秋来，规划年复一年地更迭下去。

今年的这个过程比前几年明显要长。最近，该公司新的私募股权（PE）合作伙伴获得了该公司的重大股权份额。对方似乎对完美的理念和未来经营状况的预测兴趣浓厚。几个月前，领导团队认真地履行了尽职调查过程，最终成为这家私募股权公司庞大的资产组合清单中令人羡慕的成员，并签署了风险投资协议。但现在，他们一两个季度前从新合作伙伴那里获得的兴奋感已经变成了厌倦感。当吉姆的目光扫过办公桌，看到来自私募股权公司的两位刚毕业的MBA（他们实际上是派驻现场的人员，现在几乎每次管理团队会议上都能见到他们的身影），他尽量表现得热情些。这两个年轻人很有礼貌，也很聪明。但他们一直在不厌其烦地问问题——问题确实很有深度。而这时的吉姆和他的团队只能洗耳恭听，要回答问题，还要尊重他们的新伙伴。毕竟他们现在属于这家私募股权公司了。

当领导团队在10月末最终确定公司的战略时，私募股权公司代表的下一波问题接踵而至。“那么明年我们将如何支付人们的报酬呢？”其中一位MBA提出了一个尖锐问题。销售执行副总裁格雷格对自己的业务了如指掌，知道什么考核手段在过去有效果，也知道什么考核手段会在新战略中发挥作用。“我们正在提高对客户管理的重视程度并覆盖我们客户中的市场白地，”格雷格说，“人员配置和岗位订单依然是重要的考核标准，但利润贡献和服务组合将引导我们走在正确的道路上。我认为我们知道应该做什么。”

临近年关，时间非常宝贵，因此领导团队采取了一种专家方法编制可以支持明年战略的销售薪酬方案。销售团队在几年的时间里都没有一个新的薪酬方案，但整个团队，从高管办公室到一线团队，都对与新伙伴合作的未来前景充满热情并准备做出变革。在12月份的假期中，领导团队坐在总部办公室里通过电话会议制定方案，同时忍受MBA二人组重磅问题的“轮番轰炸”，并在最终把方案确定下来。

1月初，格雷格主持了销售启动会议。他向大家介绍了吉姆——其实并无必要。吉姆公布了今年的薪酬方案。很多年前，吉姆便开始在这个行业做销售工作，他知道如何动员销售团队。这项工作也不例外。销售团队已经跃跃欲试。但销售团队真正希望听到的是新薪酬方案。该公司的新投资者为企业带来了新鲜投资，每个人都希望成为新企业愿景的一部分。格雷格有关新销售薪酬方案的发言简单明了。但方案本身是经过缜密计算的，实际上并不是那么简单。不管怎样，它与销售策略的方方面面相当匹配，而且高管团队非常满意。MBA二人组也是如此。在薪酬方案公布之后的分组讨论过程中，销售团队提出了几个问题，但无关大局。方案就这样敲定下来。销售代表甚至在1月份就拿到了自己销售定额，当然，他们认为定额定得太高了。

销售会议之后，团队开始步入正常工作轨道。又过了一段时间，大约在1月中旬，格雷格接到了销售总监打来的几个电话。到1月底，电话渐渐多起来。现在，那些很有水平的问题都是来自一线团队而非私募股权公司。问题都是有关新销售薪酬方案、新考核手段和新机制的。“它们并不差，”销售总监说，“但人们却拒之千里。我们明白方案是以目标为基础的。但销售代表并不确定他们能挣到钱——就像他们过去执行的佣金方案一样。而且对于年初至今的定额考核情况，我们该如何与去年全年定额考核完成情况对比呢？”

销售薪酬方案正在走向分崩离析。设计并不坏，但准备、沟通和落实等环节却不是那么回事。销售团队希望方案对工作起到引导作用，但在实际上它却成了工作的绊脚石。疏远与困惑正在蔓延，领导层开始感到恐慌。不到一个季度，该公司为了控制住销售队伍，开始回归老的薪酬方案。老方案与新战略并不合拍，但领导团队认为再维持一年也比完全迷失焦点要好。无论如何，下一年度他们必须再次直面薪酬方案的挑战。

很遗憾，这一本不该发生的场景实则很常见。领导者告诉销售团队该方案如何发挥作用，但接下来当销售人员不理解时，他们也感到手足无措。虽然大多数团队重视薪酬方案设计，但如果它们进一步关注方案的规划和变革可能对方案能否获得通过会产生显著的影响。一个成功的变革过程实际上早在变革本身发生之前——也就是方案的创意阶段——便已经开始了。如果一个团队一直等到方案设计完成才开始沟通，那么他们就有些本末倒置了。领导层也许正在准备沟通，但销售团队有可能已经在探讨正在逼近的变革，而且销售主管们并没有控制这一事态。

变革管理的关键步骤

不管你是在改变销售薪酬方案还是在收入路线图中更靠近上游的层级做出改变，一个注重沟通的变革管理方案将增加被接受的可能性，并减少销售团队中存在的困惑。万宝盛华北美公司的道格·霍兰有这样的阐述：

> 当我们正在做一项将影响很多人的大变革时，我们的总裁会对此很敏感，他问的第一个问题会是："嗯？这个变革的依据是什么？你们准备怎么对待一线团队的绩效？"他对我也会有话说："你知道，道格，如果你的薪酬设计变革仅针对人力资源、市场营销、财务或IT等部门，而且只是稍有破坏性，这种情况我不会太担心，因为我很清楚这一点。但如果你所引导的变革对一线团队是具有破坏性的，而且是以糟糕的方式，这种情况就会让我担忧了。"薪酬方案可能是世界上最棒的方案。但如果人们不理解，不知道如何增加他们的收入，我们所做的一切几乎就是毫无意义的。

在本章开头的案例中，管理层并未就新的销售薪酬方案并未充分向销售人员解释。该公司认为发布一纸公文或者发送一封电子邮件介绍新方案，便认为该做的工作都做了。但不要以为设计方案的人了解新方案便假定其他人也都了解。而真正的了解，再加上终端用户一方的问题逐渐暴露出来，是需要时日的——也许要花上数日、数周，有时甚至数月的时间。你应该先审视整个评估过程，然后才能开启你的变革方案，进而策划初始方案并设计和实施。你也应该熟悉销售团队的立场，关心他们的生存之道和任何可能的扰动，然后再开发你的变革方案和时刻注意推动团队的销售策略。当你接下来准备实施变革方案时，请考虑以下六个步骤。

1. **强势启动**。开展你的尽职调查以确认变革方案是缜密的并做好启动准备。

2. **精心策划变革故事。**一定要坦诚地解释变革的理由，并围绕高管层目标发出明确的信息。
3. **了解销售团队的看法。**提前考虑到某些阻力，搞清楚谁会是抵制者，这样你便可以做通他们的工作。
4. **做好变革预测。**清楚你的团队的变革准备情况以及你的团队应对变革的决心。
5. **利用学习模式。**使用多种方法与团队沟通以扩大你的信息的影响力。
6. **过程跟进。**及早开始沟通并按照你的方法实施直到充分引入变革方案。

强势启动

落实几个重要的检查点，以此确认方案具备引入条件。

第一，在过程启动之时，获得意见领袖的帮助。不仅将管理层的利益相关者也将备受重视的一线销售代表团结起来，他们对于业务拥有战略运营经验。这些意见领袖可以提供有价值的资源并协助向自己的同事传递适当的信息。

第二，在设计阶段对方案进行压力测试。当团队设计出一整套设计草稿时，将该方案提供给经过选择的一组销售经理，甚至也包括顶级绩效销售代表，做一番冷静的考察。这组人员中还可以包括意见领袖。压力测试在小组规模或一对一条件下最容易完成。AchieveGlobal 和 Acclivus 两家公司的前 CEO 罗恩·考克斯相信，让销售经理加入测试过程非常重要。“我需要把销售经理与战略联系起来，并让他们认识到他们在公司中发挥的重要作用，”他说，“我必须让他们在宏观上重视业务，但不能让他们被业务束缚住。”我们的目标是超脱于团队之外观察终端用户如何看待方案。要求他们对方案做出反应，描述他们认为团队可能如何解释它，并努力表现得比它更睿智，以便发现其中的漏洞或公司可能不希望激发的行为。这一过程还从这组测试人群中获得额外的认同，因为他们已经在方案设计过程中发挥了一定作用。压力测试的目标不是与他们讨价还价或匆匆忙忙地改变设计，而是群策群力促进方案定稿。

第三，在一系列执行环境下，从财务层面测试该方案。借助目标奖励、销售收入和销售成本等指标在高层面上建模只能部分诠释该方案。财务支出和销售成本可能变动很大——取决于团队定额的整体完成情况和完成定额的销售代表人数。这是因为销售薪酬方案经常把加速奖赏优良业绩的支出曲线包括在内。它还吸收了不同于基本收入考核手段且单独支付的多重考核手段。因此，简单来说，团队有可能在整体上完成自己的目标，但基于团队实现目标方式的不同，财务支出可能围绕目标销售成本上下波动。如果团队平均完成了自己的目标，但这是非常高和非常低的绩效者再加上少数水平居中的绩效者综合作用的结果，那么对于那些高绩效者而言，该方案可能触发上部空间加速器，增加销售成本，而低绩效者可能无法消化他们的基本薪金成本，因此构成一次“完美风暴”的要素都具备了。为了最大程度地减少令人惊讶的情况发生，请站在不同的财务角度了解你的方案。

精心策划变革故事

回顾收入路线图以及在过程之初建立起来的高管层目标，可以帮助管理团队解释他们决定今年改变销售薪酬方案的原因。

通常一个团队会在以下情况下调整方案：

- 销售策略发生变化；
- 团队携销售资源和销售过程进入市场的途径发生变化；
- 需要对一种竞争态势做出响应；
- 方案执行情况与团队的意愿明显相悖，所以需要做出某种调整或重新设计。

变革故事可以采用各种形式，包括来自领导层的既定信息和非正式的走廊对话。在任何情况下，故事都应该是简明的、前后一致的和积极的。

故事的讲述人，无论是CEO还是一线团队的销售经理，应该熟知关键信息和出现的各种问题。

故事的主要内容包括：

- 为什么变革正在发生？团队现在处在什么状态，为什么说这种变革很重要？
- 什么正在发生改变？这是一种针对团队的全面变革，还是一种针对销售薪酬方案某项内容的战术性改变？
- 谁将会受到影响？这种变革会影响特定群组，还是整个团队？
- 这种变革会发生在何处？它首先发生在特定的地理位置，还是它将作为一次大爆炸横空出世？
- 这种变革何时发生？它会在今年发生吗？它将持续多长时间呢？

为了策划变革故事，请回顾高管层目标的客户、产品、覆盖、财务和人才等层面。从每个层面撷取应该与销售团队沟通的信息并将其作为变革故事的要素。

CA Technologies公司的做法是，CEO与全公司员工沟通战略远景，随后允许销售薪酬设计团队展示这项新方案怎样与他的战略衔接。“CEO为我们提供了一个平台，我们可以做出任何我们希望做出的变革，无论是团队或销售模式方面的，还是销售薪酬方面的。我们极其坦率地面对战略和目标。作为销售主管，接下来我们便可以为了改变我们的团队而切实接受并实施方案，而且结果很漂亮，绝对漂亮。”该公司的BJ·沙克诺夫斯基如是说。

抗拒变革是人的本性，所以若要推动团队在正确的方向上前进，如何定位你的变革故事是关键。为了讲述变革故事，请从励志、降低风险、短期获利及“燃烧的平台”（burning platform）[①] 四种方式中选择一种并认真思考。它们是变革的激励因素，每一种方式都可以通过时间框架和痛苦导向或获利导向来描述（如图 8-1 所示）。

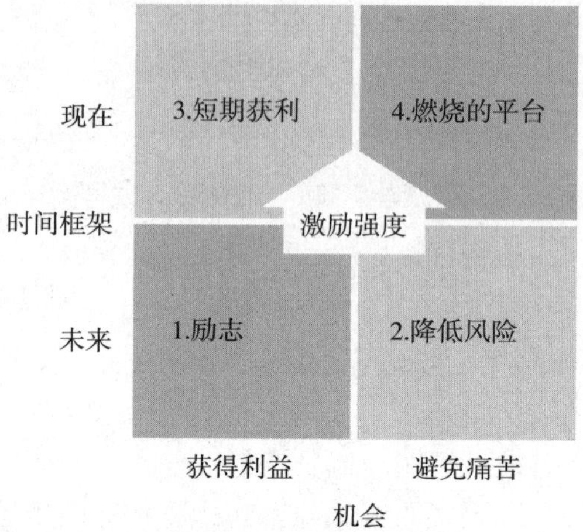

图 8-1　变革的激励因素

很多团队希望沟通的内容是一个励志故事，它会令团队对通过变革获取未来机会感到兴奋（见图 8-1 图块 1）。一位听到这个信息的销售经理或销售代表可能会发现成为这个梦想的一分子是值得的——只要梦想就在并不遥远的未来，而且他的生活方式不必在短期内做出太多牺牲。

如果一位销售代表听到的是一个在未来可以避免风险或巨大痛苦的故事（见图 8-1 图块 2），这种状况可能会引起他的些许关注。例如，几年前一位高管向我介绍她的公司状况时说：“现在感觉一切都很舒服，但我们

① 燃烧的平台，源自诺基亚公司前 CEO 埃洛普为挽救诺基亚危局所写的一篇同名文章，意思是在一座发生大火的平台上，一名工人所面临的状况是，留在平台上会马上毙命而跳入冰冷的海水中尚有一线生机，他必须立刻做出痛苦的选择。——译者注

的竞争对手正在窥视我们。我们就像一艘停泊在港口的大船，正在举办一场派对，周围所有的快艇都在朝我们开过来，它们最终会突袭我们，登上我们的船。人们需要搞清楚我们该何去何从。”如果团队能够了解最终威胁的话，未来的风险可能比单纯的未来前景更具激励效果。

在一个较短的时间框架内获得某种利益（见图 8-1 图块 3）可能成为制造变革的一个积极的激励因素，尤其是当这种利益是具体的和可获得的情况下。如果一位销售代表希望当他的孩子到了上大学的年龄时，他的家庭处在一个较好的经济状况下，他很有可能对此非常赞同并努力工作以支持这个方案。

当然，最为强大的变革激励因素是借助“燃烧的平台”方法缓解短期痛苦（见图 8-1 图块 4）。如果公司试图炮制一个位于图块 2 中的降低风险的故事，而且团队还未听到过，但现在方案可能已经泄露出去了，信息也许是这样的：“如果我们明年不这样做，团队或许被迫裁掉我们一半的人。”对一位销售团队成员而言，变革看上去并非很可怕，因为替代方案更糟。在这种情况下，这位销售代表也许不会完全赞同变革，但他也会主动寻求各种帮助。

了解销售团队的看法

企业文化在制造变革方面可以发挥巨大的作用。一些企业文化追求稳定，所以是变革的天然反对者，而其他类型的企业文化都是变革的容忍者，甚至是变革的求索者。为了实现信息畅达和管理良好的初衷，了解团队和个体对于变革的适应程度非常重要。

假定大多数人视任何变革暗含负面效果。当变革涉及薪酬时，这一假设显得尤为真实。站在销售团队的立场上，除非当前薪酬方案是一个彻头彻尾的祸头，否则它们经常假定方案变革的唯一理由是要管理薪酬或改善公司的财务状况。“如果你的销售计划允许人们挣钱，而且你希望对薪酬方案做出变革，那么你必须非常清楚那些变革的含义。否则，一位销售人员的直接思维过程是，‘他们算计着如何把我养家糊口的钱抢走。’”BT Global Services 公司的杰夫·施密特说。

除了风险之外，阻力也来自于墨守成规。如果新的奖励方案引导团队推广新产品或把产品卖给现有客户之外的新客户，那么这种要求无疑令人很不舒服。

根据我们所做的研究，我们发现在一个团队中，大约 20% 的人属于接受者，他们会无异议地拥抱新方案。另外 50% 的人属于观察者，他们会等待和观望。如果方案设计、沟通和管理良好，这部分人通常会加入接受者的行列。但团队中可能还有多达 30% 的人会抵制这个新方案。抵制者中有消极的抵制者，也有积极的抵制者（如图 8–2 所示）。

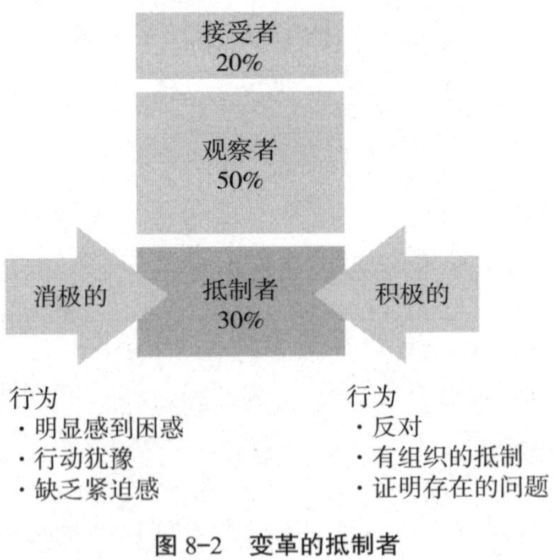

图 8–2　变革的抵制者

你可以识别出某些消极的抵制行为，其中包括明显感到困惑、行动犹豫和缺乏紧迫感。对于那些激进的抵制者而言，他们的行为可能包括强烈反对，以及参与证明为什么方案不会有效果的行动来抵制变革实施进程。令人欣慰的是，尽管大多数抵制者并不总是容易认同和交流，但他们只是倾向于站在消极的一面。与消极的抵制者合作的关键是在实施之前与一线团队取得联系、了解和沟通，以便清楚他们的抵制点。如果置之不理，那他们的抵制是会传染的。至于积极的抵制者，他们将测试领导层变革的决心——我们很快会讨论到。

做好变革预测

大多数与我们有过合作的高管都能对他们的企业文化对变革的适应能力做出一个总体评价。然而，当准备实施变革时，企业文化会帮助变革方案增加些许独特性。通过回答以下四个问题，你将会获得对即将到来的变革的预测。我们建议把变革视为重大改变而非局部改变，因为过度沟通终归比沟通不畅更稳妥些。

1. **什么是团队的变革程度？**如果你正在针对销售薪酬方案的某项内容实施变革，譬如说，改变一种绩效考核手段，你可能会将其视为一种局部变革。如果你正在实施一种进入市场的新战略，而且这种薪酬方案的改变属于更大变革的一部分，你可能会将其视为一种转型变革。按照从 1（局部变革）到 10（重大转型）的程度为你的团队打分。
2. **贵公司上一次修改销售薪酬方案是什么时候？**如果你每隔一两年修改一次方案，你可以称之为近期修改。而在修改频率的另一端，团队有可能 10 年或超过 10 年都不修改一次方案。按照从 1（近期）到 10（从不修改）的频率为你的团队打分。
3. **什么是团队对变革的承受能力？**即使团队近几年都没有一项新的销售薪酬

方案，但它能够顺应市场做出改变，所以它的文化可能是动态的和值得信赖的。然而，虽然变革很频繁，但你的团队未必很好地适应变革。按照从1（非常高）到10（非常低）的程度为你的团队打分。

4. **你的管理团队的变革决心有多强烈？** 虽然销售团队对于接受变革有承受能力，但管理团队也要有做出变革的决心。在事情变得难缠时，就是检验你的决心的时候。按照从1（非常高）到10（非常低）的程度为你的团队打分。

你的总分值将帮助你了解当前环境、可能的近期变革预测，以及你有可能采取的行动（详见表8–1）。

表8–1 **变革预测**

分值	预测	潜在行动
1~10	风平浪静	使用正常的沟通与管理方式
11~20	细浪	周密计划，清楚表达你的信息，并从团队得到定期反馈
21~30	强风	使用多重沟通方式并严密管理变革过程
31~40	酝酿中的风暴	做好面对阻力的准备。与强势领导层沟通信息。严密监控变革过程并准备好“天鹅绒大锤”（velvet hammer）[①]

我们可以借助两家公司的案例阐述管理团队变革决心的强烈程度，我们形象地称之为从“细浪”到“强风”。第一个是一家医疗设备公司，对变革稍有厌恶感，但它在市场开发过程中将变革视为竞争。公司首席战略官告诉我们：“我们需要让销售团队拥有真正的销售文化并消灭权利环境。”他继续介绍他们如何需要这种变革的发生，并解释如果他们舍弃一些人——假定他们正是要被舍弃的人——也没有问题。他的团队下决心做出变革。他们向前推进，新方案也为公司发挥了重要作用。他们贯彻反转

① 天鹅绒大锤，指绵里藏针的策略。——译者注

罗宾汉原则（详见第3章内容），而他们的增长速度也重回两位数。他们借助了一个变革故事，其中包括他们的近期痛苦（图8-1图块4，也就是燃烧的平台图块），同时向他们未来的机会（图块1）靠近。

与此相对的另一个例子是一家工业制造公司，它对变革表现得更为厌恶，而且被拥有较低制造成本的海外竞争对手搞得狼狈不堪。该公司的首席战略官把一线销售代表当作“他的孩子”，他告诉我们：“不管我们做什么，每个人都应该感到舒服才好。我们必须关心他们。”这是一种充满家庭氛围的文化。首席战略官和他的团队几乎没有决心促成变革，这种状况减缓了他们的变革过程。

如果预测是“强风”，甚至是“酝酿中的风暴”，那么一家正在经历巨变的公司将有可能遭遇积极的抵制者（详见前述内容），后者有可能颠覆公司的举措。然而，如果管理团队下决心做出变革，而且公司安排一位高管发出清晰的变革命令，那么使用“天鹅绒大锤”实际上会让过程变得顺畅。

几年前，一家与我们有过合作的财富500强商业服务公司经历了一场重大变革。该公司收购了几家公司，整合过程包括市场进入策略的转变和一项新的奖励方案。对团队而言，这是一个拥有无穷潜力的积极步骤——一个涵盖充满生机的图8-1图块1和图块3的变革故事。但在被收购的销售团队中，他们遭到某些守旧者的顽强抵制。这些抵制者处在领导地位；因为他们拥有被收购公司的股权，他们在财务上做得非常好。但当需要做出改变时，他们充分利用手中的权力令事物按照原有的方式运行。经过一段时间，这种积极的抵制开始给团队施加压力并危及公司的发展。终于有一天，高管层的“天鹅绒大锤”悄悄祭出，抵制者土崩瓦解。这是一种只为极端情况保留的强烈信息，但它最终会为团队及其股东赋能，以便奉献一次成功变革所带来的利益。

利用学习模式

简单地宣布新方案或者发布方案文件也许会把信息传达给一些人，但肯定会遗漏其他人。在开发你的薪酬方案的同时，可以利用几种能把你的团队中的每个人联系起来的学习模式。正如哈佛大学心理学家、教育学教授霍华德·加德纳（Howard Gardner）在多元智能理论中所阐述的那样，至少有以下 7 种模式可以用于销售薪酬方案的制定。

1. **语言学习者通过书面和口头语言掌握信息。**他们学习的方式是阅读、聆听和讲故事。销售薪酬方案可以利用书面沟通以及个体和团体层面的对话。
2. **逻辑–数学学习者具有看透目标和解决分析问题之间关系的能力。**他们将成为最早对新方案实现逆向设计的人。销售薪酬方案可以利用方案计算器和例证，并澄清与老方案的不同之处。
3. **视觉学习者拥有高度发达的视觉智能，可以轻松完成图形和图像的信息转换。**在销售薪酬方案中，可以利用视觉模式展示各要素发挥作用的方式。
4. **动觉学习者通过触摸、操纵和运动获取新信息。**销售薪酬方案的实施过程会用到动觉学习者的展示和角色扮演的技能。
5. **音乐学习者对音调、旋律和音乐形式非常敏感，而且经常在听过一遍之后便可以记住和重复一段旋律。**销售薪酬方案可以利用带韵律感的语句强化所要传递的信息。我们有一位客户在推出一项新方案时创造了“55 to stay alive”[①]这样一个朗朗上口的短语，另外，新方案在执行时契合“变革的激励因素”图块 4 的特征。
6. **人际关系学习者的优势在于建立与各色人等的关系，他们有能力影响别人，而且通常都是天生的领导者。**销售薪酬方案可以利用一对一和小规模

① 根据译者查找资料，该客户的意思是“销售 55 件产品便可以获得足额基本薪金，满足基本生活需要”。——译者注

沟通方式并引领一线团队成员成为相关方案的支持者。

7. **内省学习者非常在意自己的优缺点，而且拥有强大的自我修养。**他们有时倾向于独自学习。销售薪酬方案可以利用与个人发展有关的信息，并在跟进时为了解和处理新信息预留充足的时间。

过程跟进

当你按照一定的步骤强势启动、精心策划变革故事、了解团队的看法并做好变革预测时，实际上你已经涵盖了变革过程的几个重大步骤。在奖励方案设计启动之时，这些步骤便已经开始了，而且继续贯穿方案评估和方案设计阶段（如图 8–3 所示）。

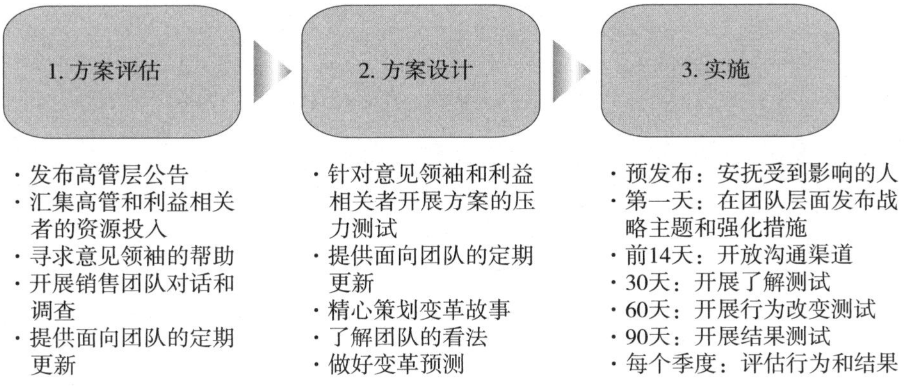

图 8–3　沟通点

在方案评估阶段，领导团队和销售团队之间使用常规的交互式沟通方式。这种方式包括高管层初始公告、利益相关者和团队的资源投入，以及团队在举措上的定期更新。

在方案设计阶段，针对意见领袖开展方案的压力测试，并在团队的变革环境下策划变革故事。当团队逐渐接近实施阶段时，应当借助若干工具把几个沟通点包括在内，这些工具包括奖励方案文件、演示文稿、关键信息脚本以及为了保持团队的一贯性和既定策略的一致性而频繁涉及的问题。

在实施阶段，预发布可以安抚受到影响的人。在任何变革过程中，团队成员都将受到正反两个方面的影响。由于方案设计可能是针对每个人开发的，所以在解释变革的影响时，请善待可能受到变革负面影响但表现较好的团队成员，而且如果有可能的话，制定出过渡方案以便帮助他们成功地接受变革。当然，这个过程应该在方案评估阶段启动，并通过一个将团队即将面临的变革社会化的过程开始设计。在预发布节点，这些变革应当成为表现较好的团队成员的一个正规程序，这样他们才会接受并赞成变革。

第一天，在团队层面发布战略主题和强化措施。让方案发布限定在总体销售策略的框架内。这是这个变革故事的第一次正式沟通。它应当触及所有的高管层目标，并根据所处环境通过适当的变革激励因素做出定位。为了与战略公告相呼应，高管层通过销售管理层将变革故事传达给销售团队。销售管理层接下来应当分成若干小组配合销售团队，将方案的细节传达清楚、解答问题并确认团队内的每个成员都了解新方案。

在公告发布后的前 14 天里，开放沟通渠道。为了支持这项公告，请开放你的支持渠道以便搜集一些不可避免的问题，并管理好沟通过程。这些工具通常包括热线电话、专设电子邮件、公司管理的博客和社交媒体账号等。虽然其中一些工具似乎不符合传统，但对销售团队而言却很常见，因为它们为了应对重大变革都会建立起自己的主页和申请社交媒体账号。公司在这方面主动出击而不是被动防守通常更好一些。

在公告发布后的30天，开展了解测试。在公告发布期间，无论人们对方案的接受程度有多高，都不要假设整个团队都能了解这个方案。公告一经发布，经理们便应当按照日程分头与销售代表沟通，并确认他们了解这个方案以及他们的目标。

在公告发布后的60天，开展行为改变测试。方案开始发挥作用的第一个标志是与方案目标保持一致的行为模式。通过销售经理的直接指导和观察，以及通过客户关系管理（跟踪销售过程中的活动和步骤，即CRM）系统之类的绩效考核手段对这些改变开展测试。

在公告发布后的90天，开展结果测试。在90天的节点上，进行新方案绩效结果测试。根据销售周期长度的不同，结果可能在最初的几个月里或者在首季之后开始显现出来。随着很多实施过程的展开，销售团队实际上会在公告发布之后经历一个绩效低谷，因为它需要从最初的干扰中调整过来并进入一个新的、持续的节奏。

每个季度评估行为和结果。在季度节点上，评估方案的绩效以及它是否在继续履行期望行为和结果。如果更短的间隔能为结果提供可靠的且无绩效突变的解读，那么可以通过月度观察提供更多的时间间隔的考察结果。在团队经历季度评估周期的若干迭代之后，它也可以开始评估方案对来年的战略支持能力。

在做出方案变革时，首先要实现社会化。为你的变革环境精心策划变革故事，并保持对团队状况的敏感，与此同时也要完成多重沟通过程。

你需要向你的团队问与做出变革有关的五个问题

1. 我们有关变革的信息和故事是什么？
2. 我们的团队做好变革准备了吗？此外，我们的团队有决心管理这场变革吗？
3. 我们会采用什么样的沟通方式与沟通对象的各个方面建立联系呢？
4. 高管和销售管理层在变革实施期间如何引导和加强引导呢？
5. 我们的方案将如何检测我们的团队并在必要时修正航向？

第 9 章

高管层的角色

以适当方式介入

去年在达拉斯的一家咖啡馆里，我们结识了一家领先的高科技硬件销售团队的几位资深销售高管。对他们来说，这是一次难得的场外静思会，他们可以借助这个契机讨论有关销售薪酬的一些想法。然而目前销售团队并不是处在薪酬设计过程的开始阶段。毫不夸张地说，他们实际上已经进入最后阶段，他们正在讨论准备向执行委员会（CEO 位列其中）提出的想法。

他们的问题其实在 10 个月前便已经暴露出来了，当时销售高管正着手开展销售薪酬的年度审查并落实设计周期。他们与销售团队开展了几轮对话和调查，解决了替代方案问题，并最终形成了一套薪酬设计方案。公司 CEO 爱德华在整个设计阶段一直在听取设计内容更新情况并转交执行委员会。这一年的薪酬设计过程耗时偏长，这是因为该公司稍稍改变了自己的业务侧重点，把一些作为硬件补充产品的附加软件包括进来。销售高管与执行委员会一起解决了这个复杂问题，并让销售薪酬方案保持相对简单的状态。在此期间，这位 CEO 继续接收更新信息并转交执行委员会。

过了 11 月，销售高管与执行委员会讨论最终的审查意见并批准了新的销售薪酬方案。该方案已经根据各种可能出现的情况建立起了财务模型，但它依然需要与销售总监、销售经理和一线意见领袖沟通。最后一步就是获得 CEO“点头”的正式手续。

“他们对这份周密的方案有什么意见吗？”其中一位来到咖啡馆的销售高级副总裁颇为夸张地说，“我们大致看过演示文稿了，非常简单，只有几页，有一些复杂的图表、策略，还有我们现在所处的状况，以及我们要做怎样的改变。在我们设计的时候，CEO 是逐条看过的。但我们的演示文稿只浓缩成了几页文字，这时他开始提问问题，仿佛之前他没有看过这份方案一样。”

另一位高级副总裁开始插话：“第一个问题是有关我们方案中的软件组合和群组服务的，并涉及为什么我们没有考核每位销售代表相关内容的奖励手段。几个月前我们花了大量时间与执行委员会讨论这个问题，并同意将其维持在销售管理层面上，还让他们在第一年管理它，等我们有了一些可靠的数据再去设定目标。接着爱德华开始探讨财务模型并提出质疑：‘如果我们有大量高绩效者但在整体上只是刚刚完成公司目标，为什么这项方案付出的薪酬比目标销售薪酬高？’这种情况与超额加速器有关，而对于加速器问题，团队是有共识的。在此之后他又问了几个其他方面的问题，但我心里开始憋火，因为很显然问题出在我们之间的联系不够。我们努力并把各种信息通知他，但当他最终介入时，我们的工作已经接近尾声了。我们已经在一线试行这项方案，解决了各种细节问题。可现在我们好像正处在 9 月开始时的状态，而实际上已经是 12 月了。所以我们必须尽快做出调整以保证在 1 月时一切准备就绪。”

几个月后，我们跟进销售高级副总裁有关方案的后续进展并了解到，很遗憾，重新设计所花费的时间比团队预计的时间稍长了一些。年底工作繁忙，销售结账，与执行委员会一起加班处理销售薪酬设计迭代，以及 CEO 精力的分配（他现在介入销售薪酬设计较深，希望看到每个细节），这一切都拖延了方案的重新设计。1 月，公司开始根据一项过渡方案向销售代表支付薪酬，该方案继续执行与12月相同的奖励薪酬标准。此举为公司赢得了时间，但团队知道此类过渡期支付办法在某些情形下支付得太多，而在其他情形下又支付得太少，这意味着当新方案最终出炉时，每位销售代表和销售经理必须重新调整自己的工作安排。

在第2季度时，团队终于完成了方案的重新设计并全面铺开。这种重新设计比原始设计好吗？CEO认为好，但事实上很难评估。在重新沟通和奖励薪酬调准方面，销售高层领导团队还有很多善后工作要做。销售领导层在销售团队中已经失去了某种公信力。执行委员会，包括CEO在内，他们应该得到一个教训——高管层应该在薪酬过程的较早阶段便开始实质性介入并提供支持。

高管层介入销售薪酬过程

以首席执行官、首席运营官、首席战略官、首席营销官和总裁等为代表的高管层，会以各种方式介入销售薪酬的制定与操作过程。正如我们在前述情形中看到的，有时介入的方式并非最佳。过多、过晚介入可能对费时、费力的设计过程造成严重的破坏。不合理的介入也有可能损害设计团队已经付出的心血和高管层对团队的信任。另一方面，高管层零介入也不是正确的策略。虽然薪酬设计团队可能很优秀，但一个优秀的销售薪酬方案必须与整个公司的发展愿景保持一致，而后者通常必须由高管办公室直接发布。

我们考察了不同类型公司的高管层介入程度，发现在若干个节点上出现了高价值介入峰值：在过程开始时提供战略指导；在不定期审查节点保持现状不变并检验团队，到过程结束时再次审查、批准并从高管层面支持这项方案。

提供战略指导

根据我们的研究（如图 9-1 所示），82% 的高管层根据业务与销售的相对优先顺序提供战略指导。这些就是第 1 章介绍的高管层目标。大约 55% 的高管层还就这些战略应该如何在销售薪酬方案中得到重视提供指导。针对高管层如何为销售薪酬设计团队提供战略指导，我们做了很多调查研究工作，下面将介绍其中的重点内容。

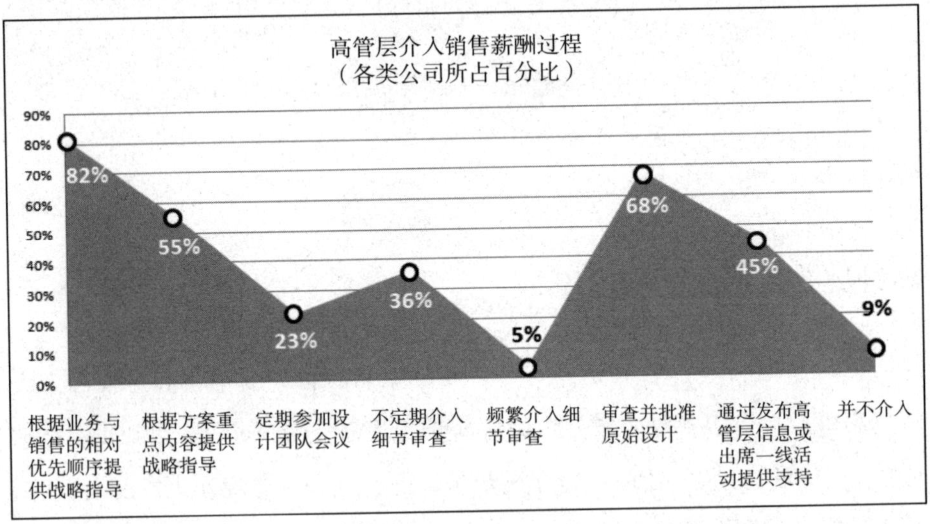

图 9-1　高管层介入

在此我们援引杰夫·康纳对战略介入的理解：

在一天的工作行将结束的时候，我的角色就是扮演销售人员的卓越中心。我和他们座谈，确认我们对战略（也就是我们正在构建的洞察力）的关切。我站在最基本的立场上翻阅了所有的薪酬方案，并试图帮助人们了解它们是否与战略保持一致。

最近一个业务单位在利用收入路线图时，正在考察洞察力和战略的匹配问题。他们建立了一个模型和稻草人范例[①]。当我介入的时候，我的第一个角色就是静下心来仔细研究这个模型，以便确认它在事实上是否讲得通。由于我是在这家公司成长起来的而且干了9年的直销员，所以我所做的另一件事是始终站在一位销售高管的角度设身处地地看问题。我能理解这个薪酬方案吗？它简单吗？奖励过程是我可以控制的吗？

在薪酬设计问题上，Salesforce.com的总裁给予了清晰的指导。"我们的职责是了解他的期望是什么，然后根据他的指导把方案提交给他，"该公司薪酬设计与运营总监勒基·扬说，"接下来他将评估该方案以判断它是否会推动正确的目标和行为。"他学识渊博、经验丰富，同时也是一个容易共事的人。你可以抛出你的想法，而他对此很包容，在这一点上，他和我曾经打过交道的很多高管大不相同。在Salesforce.com这家企业里，不管你在什么业务部门工作，都能感受到浓浓的领导风格。他们非常真诚地听取新的想法。

Mohawk Commercial公司前总裁阿尔·卡布斯提出了三个具体问题：

我的第一个问题是："销售薪酬方案提出我们这一年的战略举措了吗？我们的团队正在努力落实五项或六项举措。我希望看到这项方案是怎样影响那五项举措的。"

我要问他们的第二个问题是："你们已经检讨并改进去年的销售薪酬方案了吗？新方案应该怎样影响我们20%的顶级绩效者？它应该怎样影响我们20%的最差绩效者？而且中间的那部分绩效者会受到什么样的影响？"

① 稻草人范例是依照稻草人谬误（straw man fallacy）制作的，即将销售薪酬方案作为假想敌（稻草人），对其发动各种形式的曲解性攻击，从而查找方案的漏洞并予以完善。——译者注

还有第三个问题："什么是你们通过制造这种变革寻求在下一年度推动的行为？它会怎样推动这种行为？这种战略存在什么风险，而且潜在的长期利益是什么呢？"

Comcast 公司是世界领先的媒体、娱乐和通信公司之一，而凯西·莱福德（Kathy Ledford）是 Comcast 公司的资深销售薪酬总监。他说财务是一股强大的力量。"我们重点关注以薪酬成本、培训成本和其他销售成本形式出现的单位成本。但是，CEO 正在增加他在销售薪酬方案中的存在感。我们通过卓越的销售及市场营销执行力重点解决公司的发展问题。我们已经实现 5 年的收入增长，但我们希望把潜力发挥到极致，其中包括新产品的推出。CEO 需要了解我们撬动自然增长的杠杆是什么。"

Autodesk 全球销售运营副总裁吉姆·塞兹说，高管层提早介入是最佳做法。"我认为与你的 CEO 保持一致很重要的一点是了解企业的理念、你力推什么以及确认你走在正确的道路上。在覆盖层面，有没有什么事情是我们试图做得与众不同的？作为销售策略的一部分，我们将推动的行为是什么？而且接下来，推动那些行为的恰当的薪酬设计是什么？"

与此同时，万宝盛华集团北美公司的道格·霍兰指出，与没有销售经验的高管相比，拥有销售背景的 CEO 可能更积极地介入。

我们的总裁介入得很积极。尽管他有能力做到事无巨细介入的程度，但并非"为了确认方案是有效的，所以我想看到你们针对设计所做的所有压力测试"，他希望确认团队从战略视角重视几个关键领域，也就是我们的销售薪酬方案是否反映了那些细节。我们希望今年获得较好的利润吗？我们试图发展某一方面的业务吗？他深度介入了我们三到五年战略方案的细节设计。

在开始设计方案时，我们坐下来讨论了两件事情：第一件事，澄清总体业务方向，他能预测到我们明年的发展方向吗？第二件事，向他提交可变薪酬方案的摘要信息、我们前一年的经验、我们已经支付的薪酬、高于和低于方案指标人员的分布情况以及如何与业务运营保持一致等。我们提交了一份按照业务范围撰写的高水平总结报告；我们并未按照岗位提供细节信息。针对我们如何让薪酬与企业战略保持一致，他期待我们基于对话的内容为他提供一些选择。

财捷公司销售与市场营销副总裁保罗·约翰逊说："我们的总裁对公司事务非常清楚，但她并不需要了解薪酬方案的详细内容。她希望确认我们的薪酬方案与战略方向是一致的，而且她在设定战略方向和向我们传达今年和今后 3 年的目标方面拥有非凡的能力。因此，她用非常明确的措词告知我们，企业需要在合理的细节层面上完成什么内容，以及我们设计与该内容有关的薪酬方案的切入点。"

介入过程

我们继续分析图 9-1，我们注意到 23% 的高管层定期参加设计团队会议。不过，大多数高管层和他们的团队都对过于介入细节设计保持谨慎态度。因为那种做法会把高管层拖离自己擅长的领域，有时甚至变成莽撞人。大约 36% 的高管层不定期介入细节审查，但只有极少数（大约 5%）高管层会频繁地介入细节审查。对于那些好奇心重、高智商的 CEO 或总裁而言，他们需要具有一定程度的自制力和团队强化措施来防止高管层过分介入。

在 Salesforce.com，勒基·扬会限制提交给总裁的建议或选择的数量。"这种做法效果不错，"扬说，"过多的信息和过多的选择会令人感到困惑。但今年我们的 CEO 是在设计过程即将结束的时候介入的。我们针对薪酬方案已经做了大量工作，他冷不防地提出，希望看一下方案。他是以一种非常特别的方式介入进来的。他是一位销售人员。他会提出各种问题，比如方案相对于销售团队的价值定位，你如何推行它，还有关键优势等。我们不得不修改方案，若想得到批准还要再花一个半月的时间，这让整个过程变得颇为有趣。很显然，他是在前后两个年份的过渡阶段介入进来的，我们将在重新开始设计前把他的期待整合进来。”

万宝盛华集团北美公司的道格·霍兰说，“我们的总裁是一个非常、非常聪明的人，如果我们做得不仔细，他肯定会发现很多细节问题。我们有可能针对业务开发经理薪酬方案的某一方面的内容就会花上三个小时的时间，而该方案只是涉及我们业务范围其中的一条线。所以这种方式可能过多占用他的时间。”

审查、批准和支持薪酬方案

在团队开始考察设计过程的结果时，高管层介入对于确保最终产品与开始时明确表达出来的战略保持一致非常重要。这是高管层介入很深的一个环节，有 68% 的人审查并最终批准方案，有 45% 的人通过与一线团队接触，并传递领导层支持方案的信息。这些都是关键节点，如果此时提出的问题得当，会对方案的质量产生很大影响（稍后我们将分析这些问题）。

Verizon Enterprise Solutions 的迈克·兰曼介绍了他的 CEO 的角色：

> 他会深入一线销售团队并提问一些问题，如“销售策略如何发挥作用？薪酬方案如何发挥作用？你们推动战略的行为得到报酬了吗？”
>
> 他是在定期核实他的一线销售团队是否理解了我们在薪酬设计上所做的工作的理由，而不在于做了什么。这是我们企业的一个重大主题：我们决不仅仅把我们提供薪酬的基础告诉我们的销售人员，而应当告诉他们我们构建新薪酬方案的原因，并清楚我们试图获得的目

标，然后才是我们基于什么标准提供薪酬。一个保持业务健康发展并为你的销售团队创造个人财富的公开对话才是关键。这一信息是我们每年的薪酬方案实施战略的一部分。

CA Technologies 的 BJ・沙克诺夫斯基对高管层的介入问题也有自己独到的看法："我们每时每刻都在处理的那些杂七杂八的事，那些处在另一层面的高管们哪一件都躲不过，而且他们并非薪酬专家。因此，你汇报时介绍得越详细，他们越容易理解，而且越容易忍不住'参与设计'。接下来你再次回来汇报，'我们根据上次讨论的内容，做了一份汇总材料。它可以满足我们的目标。'在这次会议上，你带来一份电子表格，但他们知道它是在你上次那份初稿的基础上修改的。说到底就是这几个问题，'我们认同销售成本就是一个百分数的问题吗？我们是在规划我们讨论的行为吗？这与我们的目标匹配吗？'"

不管怎样，董事会让事情变得有些棘手。"我们需要董事会通过销售薪酬方案，"沙克诺夫斯基继续说道，"你要让会议室里的人知道你要谈论什么，所以你必须在准备工作上胜过他才行。不打无准备之仗；在会议之前，同每一位董事都要提前单独面谈，让他们浏览那份方案并指出漏洞。高管层如果有感到惊讶的地方也很正常，因为他们知道他们不可能样样精通。不过各位董事可不喜欢方案中出现令人惊讶的内容。"

Autodesk 的吉姆・塞兹说：

我们耐心地给 CEO 讲解这个方案，以便确认他对此感到满意。很显然，如果首席财务官、人事部门领导以及世界各地的销售分公司领导同意这项方案，他会更加满意。他希望了解薪酬方案旨在推动什么，而且他经常对我们准备奖励谁非常感兴趣。

了解这项方案的成本是件很复杂的事情。尤其是面向高技术的薪酬方案，它的成本并非线性数据。如果你的销售队伍恰好 100% 完成方案，那么你在加速方面所支付的成本就比正常情况多得多。不过这种情况永远不会出现，因为卓越属于少部分人。你只会有一定比例的销售人员拥有加速器。因此在某些情形下，为了让首席财务官和 CEO 了解薪酬方案，会存在一个针对他们的教育过程。一旦你向他们解释清楚该方案的实施过程，他们会接受的。这样的结果就太完美了。但结果不会像你想象的那样直观，因为你可以想到他们对该方案并不是非常熟悉。

总的来说，在我们调查的存在这种混合型高管层介入的公司中，有 50 多家公司的三年复合年均增长率接近 7.5%，而财富 500 强公司仅有 0.5%，财富 100 强公司同期大约为 2%。对于这种类型的奖励方案而言，高管层介入当然不会是较高业务增长的主因，但它有可能暗示在销售团队整体运营过程中存在更高程度的高管层介入和真实的增长驱动力。

提出恰当的问题

大多数高管都清楚，恰当的问题比报告更有力量。有能力的高管可以就销售薪酬乃至更为广泛的销售效率提出恰当的问题。

当我们向高管们请教他们在评估、设计和实施过程中经常向他们的销售团队提出的几个关键销售薪酬问题时，其实他们的问题是一贯的和清晰的。

- **我们是在推动恰当的行为吗？**当我们透过结构、考核手段和数学公式审视销售薪酬方案时，有 65% 的高管确实是在正确的方向上向前推动销售团队的行为。
- **它的经济回报和风险怎么样？**当针对方案做出改变时，有 53% 的高管对预期收益或已知风险应当是一清二楚的。
- **它与销售策略一致吗？**有 40% 的高管认为，团队针对销售薪酬方案做出改变的其中一个可能的理由便是支持当前或近期销售策略。

- **这将如何影响我们招募和留住顶级人才的能力？**有 34% 的高管认为，该方案应当提出人才管理目标。
- **它容易理解吗？**有 20% 的高管认为，销售薪酬归根结底是一种沟通的工具。它具有令信息在团队参数内部清晰传递的能力，而这种能力可以真实验证薪酬方案的效果。

作为一名高管，对于上述关键问题做到心中有数是非常重要的，但掌握向团队提出恰当问题的方式也是不可或缺的。这些问题可能因设计过程所处的阶段和团队的状况而发生改变。把在方案中体现高管层目标作为起点。销售薪酬方案在支持每个高管层目标方面所发挥的作用可以被若干高管层问题维度捕捉到。在每个维度里，我们都提出了一些问题，这样从你的团队的具体情况出发，你应当可以确定下来最恰当的问题（如图 9–2 所示）。

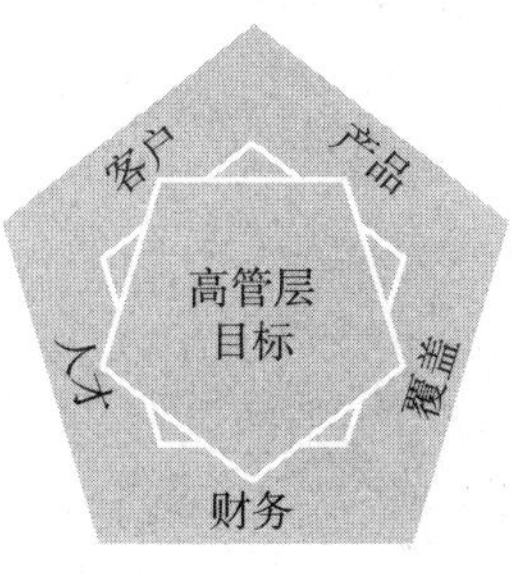

维度	问题
表达	· 在五大高管层目标领域中，每个目标领域是通过薪酬方案还是通过我们的管理方式表达出来的呢
激励	· 这个维度将激励什么样的行为，这些行为是支持我们的高管层目标还是与之存在冲突
结果	· 在每个高管层目标领域，我们期待看到的可以量化和可以考核的结果是什么
依赖	· 为了获得这些结果，除薪酬方案之外我们还有其他因素可以依赖吗
风险	· 如果薪酬方案没有效果或并未按照规划产生依赖关系，这其中会蕴含什么风险
简化	· 我们如何简化实施方法并让信息更明确
变革	· 我们如何成功地实施变革以及高管层在此变革中所扮演的角色是什么

图 9–2　高管层问题维度

表达问题

这些问题涉及销售薪酬方案如何围绕客户、产品、覆盖、财务和人才等方面将每项高管层目标结合起来。参考第 4 章内容，切记只需把销售薪酬方案的基本考核手段包括在内，不要介入管理层的管理责任。

激励问题

这些问题涉及销售薪酬方案将要推动的行为类型。虽然大多数团队对积极的行为更感兴趣，但也要考察可能与战略或销售团队运营发生冲突的行为。正如我们在第 8 章所探讨的那样，这也是检验这个方案一个难得的机会——与经验丰富的销售经理和销售代表一起将该方案的各种激励因素展现出来。

结果问题

这些问题涉及期待在高管层目标的每个领域呈现的可以考核的、实实在在的结果。它们寻求具体的答案而非泛泛的回答。公司发展一个特定的客户群或产品组合的期待程度有多么强烈？什么指标代表团队已经成功地支持了自己新的销售覆盖方式？

依赖问题

要清醒地认识到，销售薪酬方案并非团队中唯一的绩效动力，而是收入路线图赋能层级中的一个支持性方案。这些问题涉及可能影响薪酬方案最终成功与否的其他团队层面的和环境层面的因素。

风险问题

这些问题涉及销售薪酬方案实施过程中所有可能出错的事情，比如方案如何实施，或者依赖关系如何表现出来等。在大多数情况下，有关销售绩效预测的最终结果还是与预期有所不同的。公司的理念是承认那种可能性并预测那些可能出现的情况。在面对重大变革时，一个有效的做法是识别可能存在的挑战，量化它们出现的可能性，并确定如何一一应对。这种做法可以帮助团队认清现实，并做好实施变革的准备。

简化问题

这些问题涉及如何将销售薪酬方案层层分解至基本层面，以便让信息更明确并让方案管理起来更简单。有些问题提出来后可能会给已经投入巨大精力的团队带来某种不适感，例如为什么方案中的某些要素是团队确实需要的且不可违背的。但这些问题在思考薪酬设计的最终推动力时还是有价值的。

变革问题

这些问题涉及如何将设计变成现实。我们在第 8 章已经探讨过，团队应当在初始方案中就考虑变革问题，并继续完成设计和做好实施变革的准备。

当团队在初始阶段讨论方案目标、协同工作或者评估工作成果时，使用高管层问题维度可以帮助团队成员和高管层构建起与所面临的挑战保持一致的动态提问模式。

你需要问与你的高管层介入有关的五个问题

1. 针对我们的业务及销售优先顺序（即高管层目标），我为团队指明方向了吗？
2. 在涉及一位 CEO 应该了解销售薪酬哪些方面的内容时，我对高管层的基本面有一个良好的和适当的了解吗？
3. 我正在过度介入薪酬设计过程的细节吗？
4. 我已经确定我应该在每个高管层问题维度中提问的最重要的问题了吗？
5. 我与一线销售团队建立起充分的联系了吗？我在方案变革实施阶段应该如何介入？

第 10 章

你的战略销售薪酬方案报告卡

为方案分级并采取行动

设计一份与收入路线图整合在一起的卓越的销售薪酬方案可能很复杂而且很耗时，但收益可能也很显著。在本书中，我们已经述及薪酬设计过程中战略匹配与耐心之美的重要性。我们讨论了一系列销售角色和激励每个角色的薪酬原则。我们解释了区分顶级绩效者的极端重要性，介绍了如何利用最有意义的绩效考核手段，以及如何设计和搭建主要客户销售团队的薪酬结构。我们考察了设定定额、激励管理和管理变革的方法。我们已经见证了高管层在销售薪酬设计过程中所扮演的最为有效的角色。此外，我们汲取数十年薪酬设计经验，为各位读者奉献了最佳实务并分享了一些销售巨擘的洞察力。

所以，真相即将揭晓：你的销售薪酬方案能经得住检验吗？

为你的方案分级

表 10–1、表 10–2、表 10–3、表 10–4、表 10–5 和表 10–6 是包含若干分类的报告卡。你可以使用这些分类评估你的销售薪酬方案。还记得前面介绍的销售薪酬钻石吗？这颗钻石清晰表达了薪酬方案评估与设计的关键步骤（详见图 1–3）。请按照它的维度为你的方案分级。选择最能反映你的

团队在每个领域的绩效等级。然后填好报告卡，你的团队成员都要填写，并对比结果和可能采取的行动。

表 10–1　　战略销售薪酬报告卡之高管层目标和销售角色

分级关键点 选择最符合你的团队的答案	A 非常同意	B 同意	C 基本同意	D 不同意	F 强烈反对
1. 我们对我们的收入路线图和联结销售薪酬的上下游要素有清楚的了解					
2. 我们已经围绕客户、产品、覆盖、财务和人才的优先顺序清晰表达了我们的高管层目标					
3. 销售薪酬方案反映了整体高管层目标					
4. 我们的销售岗位都有明确定义并与销售策略保持一致					
5. 我们已经明确定义了我们的销售管理角色和销售管理层薪酬					
每个等级获选次数合计					
× 级值	100	85	75	65	0
各等级分值合计					
每个分类的所有等级分值求和并除以 5					

表 10-2　　战略销售薪酬报告卡之构建方案

分级关键点 选择最符合你的团队的答案	A 非常同意	B 同意	C 基本同意	D 不同意	F 强烈反对
1. 我们为团队中具有战略意义的角色制定有竞争力的薪酬目标					
2. 我们针对薪金与目标奖励的薪酬组合与每个销售角色的特点保持一致					
3. 我们利用反转罗宾汉原则为顶级绩效者提供明显差异化的薪酬					
4. 我们的顶级个人收入者是我们的顶级绩效者					
5. 我们不为低绩效者提供过度薪酬					
每个等级获选次数合计					
× 级值	100	85	75	65	0
各等级分值合计					
每个分类的所有等级分值求和并除以 5					

采取行动的时机

既然你已经填好报告卡了，那么请把每个分类的分值求和并取平均值以便得到你的分类加总。把每个分类中最差的等级挑出来，并确定你可以用来提高那个等级的具体行动。

表 10–3　　战略销售薪酬报告卡之建立薪酬与绩效的联系

分级关键点 选择最符合你的团队的答案	A 非常同意	B 同意	C 基本同意	D 不同意	F 强烈反对
1. 我们的绩效考核手段反映了每个角色以财务和客户分类为重点的优先顺序					
2. 我们仅按照少数关键考核手段为每个岗位支付薪酬，而把其他考核手段作为管理工具					
3. 销售代表和销售经理可以在他们的方案中控制绩效考核手段					
4. 我们的考核手段和支付频率（例如按月、按季度等）与每个角色的销售周期节奏相匹配					
5. 方案机制简单构建起来并在绩效和薪酬之间建立清晰的联系					
每个等级获选次数合计					
× 级值	100	85	75	65	0
各等级分值合计					
每个分类的所有等级分值求和并除以 5					

在为你的薪酬方案分级并评估结果之后，你和你的团队可以获得更具体的信息。因为分类一和分类五适用于整个企业，所以仅使用以下分类为

每个销售角色的薪酬方案分级：分类二，构建方案；分类三，建立薪酬与绩效的联系；分类四，匹配团队和财务。

表 10-4　　战略销售薪酬报告卡之匹配团队和财务

分级关键点 选择最符合你的团队的答案	A 非常同意	B 同意	C 基本同意	D 不同意	F 强烈反对
1. 我们的方案在一线销售团队和管理层之间建立起具有指导性和激励作用的匹配关系					
2. 我们的方案与我们销售团队是联系在一起的，它们需要协同努力才能发挥效力					
3. 定额设定的过程得到了团队的理解并被积极地接受					
4. 定额建立在市场或客户销售潜力而不仅仅是历史绩效的基础之上					
5. 我们有控制方案执行方式的清晰而客观的策略					
每个等级获选次数合计					
× 级值	100	85	75	65	0
各等级分值合计					
每个分类的所有等级分值求和并除以 5					

确定好每个等级的分值和对你的团队有最低和最高的潜在影响的领域的优先顺序。重温本书中介绍的原则和工具以便了解你的收入路线图，明

确表达你的高管层目标，借助销售薪酬钻石中的每个要素评估和设计薪酬方案，获得最恰当的高管层介入方式，并根据每个高管层问题维度提出问题。然后实施你的变革方案。

表 10–5　战略销售薪酬报告卡之运营结果

分级关键点 选择最符合你的团队的答案	A 非常同意	B 同意	C 基本同意	D 不同意	F 强烈反对
1. 从设定战略到与一线团队保持联系，我们的高管都是在适当节点介入的					
2. 我们的高管围绕表达、激励、结果、依赖、风险、简化和变革提出恰当的问题					
3. 从方案的初始创意一直到实施，我们始终在有效沟通和管理方案的变革过程					
4. 我们清楚我们的薪酬投资回报率和财务模型方案的各种情境，所以我们很了解潜在的绩效和成本					
5. 我们高效执行薪酬方案和定期评估方案的绩效和团队的反馈，并作为下一个方案设计周期的前期资源投入					
每个等级获选次数合计					
× 级值	100	85	75	65	0
各等级分值合计					
每个分类的所有等级分值求和并除以 5					

在写作本书时，为了帮助企业实现自己的目标，我们希望站在一位高管的角度分享对销售薪酬的理解，以便提供如何正确运用奖励手段以及如何提出恰当问题的洞察力。我们希望那些故事、实务、工具和案例为你提供一整套不间断的、有价值的思路，并帮助你掌握把你的高管层和一线团队通过销售薪酬联系起来的方法。

表 10-6　　战略销售薪酬报告卡之各类加总

分类	平均分值	字母等级 *	本分类最低等级	改善该等级的行动
1. 高管层目标和销售角色				
2. 构建方案				
3. 建立薪酬与绩效的联系				
4. 匹配团队和财务				
5. 运营结果				
合计				

* 字母等级范围如下：
90~100 为 A——卓越绩效。在你的企业中堪称范例。
80~89 为 B——优秀绩效。如果这是你最低的等级，那就仅仅在该要素加大投入。
70~79 为 C——低于一般绩效。它不会造成即刻的损害，请在下一年度的方案中修复该要素。
60~69 为 D——危险。请尽快修复该要素。
< 60 为 F——红色警报！你可能正在损害本企业。请立刻修复该要素。

What Your CEO Needs to Know About Sales Compensation: Connecting the Corner Office to the Front Line

ISBN:978-0-8144-3755-1

北京阅想时代文化发展有限责任公司为中国人民大学出版社有限公司下属的商业新知事业部，致力于经管类优秀出版物（外版书为主）的策划及出版，主要涉及经济管理、金融、投资理财、心理学、成功励志、生活等出版领域，下设“阅想•商业”“阅想•财富”“阅想•新知”“阅想•心理”“阅想•生活”以及“阅想•人文”等多条产品线。致力于为国内商业人士提供涵盖先进、前沿的管理理念和思想的专业类图书和趋势类图书，同时也为满足商业人士的内心诉求，打造一系列提倡心理和生活健康的心理学图书和生活管理类图书。

《99% 的销售指标都用错了：破解销售管理的密码》

- 国际公认的销售管理培训大师呕心之作。
- 彻底颠覆销售管理的传统观念。
- 帮助企业走出销售管理误区，让销售重归正途。

《敏捷销售：从菜鸟到顶级销售的精进训练》

- 客户包含 IBM、微软、埃森哲、希尔顿等知名企业的美国销售策略专家的超越之作！全美大受欢迎！作者的处女作即被《财富》杂志评选为销售人士的必读书籍。18 个策略，18 个技巧，18 个习惯，全是干货！适合所有“段位”的销售人士阅读。
- 身处如今复杂多变商业环境，快速学习、及时响应、机智灵敏、把握稍纵即逝的机遇，对销售人士而言是必不可少的特征。

《商业模式创新设计大全：90% 的成功企业都在用的 55 种商业模式》

- 未来，公司的竞争优势将不再基于创新型产品和工艺流程，而是基于创新型商业模式。
- 作者深入研究 50 年来最具革命性的商业模式创新案例，详尽解读世界上最赚钱的 55 种商业模式，帮助你打破一切常规，对现有商业模式进行重组和创造性模仿，为创造新的商业模式酝酿灵感利器，找到适合你的企业的商业模式。

《战略思维与决策：优化商界与日常生活中的竞争策略》

- 来自世界最古老的商学院——欧洲商学院的战略思维和决策圣经。
- 众多国内外企业人士鼎力推荐。
- 一本企业管理者和 EMBA 学生必读书。

《重新定义流程管理：打造客户至上的创新流程》

- 企业业务流程创新的经典之作，颠覆传统流程设计模式。
- 助力企业打造世界级的、以客户为中心的业务改进计划，使创造 99% 价值的流程得以实施。
- 荣获“制造业诺贝尔奖”——新乡奖（研究与专业出版类）。